OS SEIS ASPECTOS DA
MEDITAÇÃO

OS SEIS ASPECTOS DA
MEDITAÇÃO

Uma forma simples e eficaz para
alcançar a plenitude do ser

OSHO

Tradução
Gilson César Cardoso de Sousa

Editora
Cultrix
SÃO PAULO

Título original: *Aspects of Meditation*.

Copyright © 2012 Osho International Foundation, Switzerland, www.osho.com/copyrights.

Copyright da edição brasileira © 2020 Editora Pensamento-Cultrix Ltda.

1ª edição 2020.

OSHO é uma marca registrada da Osho International Foundation, usada com a devida permissão e licença.

Todos os direitos reservados. Nenhuma parte desta obra pode ser reproduzida ou usada de qualquer forma ou por qualquer meio, eletrônico ou mecânico, inclusive fotocópias, gravações ou sistema de armazenamento em banco de dados, sem permissão por escrito, exceto nos casos de trechos curtos citados em resenhas críticas ou artigos de revistas.

A Editora Cultrix não se responsabiliza por eventuais mudanças ocorridas nos endereços convencionais ou eletrônicos citados neste livro.

Originalmente publicado com o título de A *Essência da Meditação*.

Editor: Adilson Silva Ramachandra
Gerente editorial: Roseli de S. Ferraz
Gerente de produção editorial: Indiara Faria Kayo
Editoração Eletrônica: Join Bureau

Dados Internacionais de Catalogação na Publicação (CIP)
(Câmara Brasileira do Livro, SP, Brasil)

Osho, 1931-1990
    Os seis aspectos da meditação: uma forma simples e eficaz para alcançar a plenitude do ser / Osho; tradução Gilson César Cardoso de Sousa. – 1. ed. – São Paulo: Editora Pensamento Cultrix, 2020.

Título original: Aspects of meditation.
ISBN 978-65-5736-040-8

1. Espiritualidade 2. Meditação I. Título.

20-44569   CDD-204.35

Índices para catálogo sistemático:
1. Meditação: Espiritualidade   204.35
Maria Alice Ferreira – Bibliotecária – CRB-8/7964

Direitos de tradução para o Brasil adquiridos com exclusividade pela
EDITORA PENSAMENTO-CULTRIX LTDA., que se reserva a
propriedade literária desta tradução.
Rua Dr. Mário Vicente, 368 — 04270-000 — São Paulo, SP — Fone: (11) 2066-9000
http://www.editoracultrix.com.br
E-mail: atendimento@editoracultrix.com.br
Foi feito o depósito legal.

Sumário

Apresentação do Editor.................................... 7

PARTE 1
Corpo: o primeiro passo............................... 11

PARTE 2
Meditação: um trampolim para o ser 41

PARTE 3
A consciência é o segredo 77

PARTE 4
Medicina e meditação 107

PARTE 5
As imposturas da mente 145

PARTE 6
Meditação é aventura 179

Apresentação do Editor

Os textos que compõem este livro foram publicados pela primeira vez no Brasil na caixa *A Essência da Meditação*, que continha seis livretos e se esgotou rapidamente. Reunidos agora num único volume, muito mais prático e fácil de manusear, estes textos de Osho, um dos maiores místicos de todos os tempos, que desenvolveu várias técnicas de meditação praticadas no mundo todo, deixam bem claro que nenhuma técnica, por si só, conduz à meditação. Ela acontece além da mente e, nesse estado superior de consciência, nenhuma técnica consegue chegar.

Em *Os Seis Aspectos da Meditação*, Osho nos mostra, em sua linguagem sucinta e direta, porém fascinante, como, em vez de viver com medo, podemos aprender a amar; em vez de nos sentirmos em perigo, podemos usufruir da eternidade. Tudo isso por meio da meditação: uma forma simples e eficaz para alcançar a plenitude do Ser.

Com sua maneira didática e descomplicada, isenta de termos técnicos ou religiosos, Osho nos mostra, na primeira parte deste livro, que sentir o corpo é o primeiro passo de uma meditação autêntica; na segunda parte, ele aborda a meditação como "um trampolim para o ser", um ponto de partida para tudo; na parte três, ele revela que a consciência é o segredo para se conseguir avançar nessa jornada rumo ao estado meditativo; na parte quatro, ele fala sobre a importância da meditação e da medicina; e, na parte cinco, comenta sobre as imposturas da mente, além de responder a uma importante pergunta: "como nos livramos do inconsciente simplesmente prestando atenção num breve intervalo da respiração?" E, por fim, na última parte deste livro, Osho nos mostra que a meditação em si é uma aventura, que ele assim define:

"Meditação é aventura. Uma aventura no desconhecido. A maior aventura que a mente humana pode empreender. E, por "aventura", entendo algo que não se aprende, que não se conhece de antemão. [...]Só se pode conhecer o conhecido. Mas é possível ao menos apontar caminhos. Não irão diretamente ao ponto – isso é impossível. A própria natureza da coisa o impede. Não podemos dizer: "Isto é meditação". Podemos dizer apenas: "Isto não é meditação... nem isto... isto também não". [...] A meditação é algo maior que a mente. Não é algo que acontece na mente: é algo que acontece à mente. De outro modo, a mente seria capaz de definir a meditação, conhecê-la, compreendê-la. Mas não: a meditação acontece à mente, não na mente, da mesma forma que a morte acontece à vida e não na vida."

Assim, convidamos você a embarcar nesta aventura e se entregar a este estado superior de consciência, que acontece à mente, e seguir em frente, rumo a um verdadeiro despertar, tendo como guia as palavras simples e profundas de um dos maiores mestres espirituais de todos os tempos.

Boa aventura. Boa jornada.
E boa leitura.

Adilson Silva Ramachandra

PARTE 1

CORPO:
O PRIMEIRO PASSO

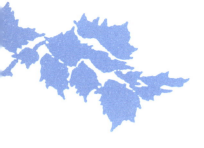

Osho fala num Acampamento de Meditação

Falarei agora sobre o primeiro passo para um meditador, um buscador. Qual é esse primeiro passo? O pensador e o amante seguem determinados caminhos, mas um buscador tem de empreender uma jornada totalmente diferente. Portanto, para o buscador, qual é o primeiro passo na jornada?

Para ele, o corpo é o primeiro passo – mas não se tem dado muita atenção ao corpo, não se tem refletido o suficiente sobre o corpo. E não apenas em certas épocas: há milhares de anos, o corpo vem sendo negligenciado. Essa negligência é de dois tipos. Em primeiro lugar, temos as pessoas indulgentes, que não se importam com o corpo. Sua experiência de vida se resume a comer, beber e vestir-se. Elas negligenciam o corpo, abusam do corpo, esgotam imprudentemente o corpo – em suma, arruínam seu instrumento, sua cítara.

Quando um instrumento musical – uma cítara, por exemplo – se estraga, não emite mais música. A música é algo totalmente diverso da cítara; música é uma coisa, cítara é outra – mas, sem a cítara, não se faz música.

As pessoas que abusam do corpo por causa da indulgência constituem um tipo. O outro são aquelas que negligenciam o corpo por meio do yoga e da renúncia. Torturam o corpo, suprimem-no e se mostram hostis para com ele. Nem aquelas que descuidam do corpo nem aquelas que o torturam compreendem sua importância. Assim, estes dois tipos de pessoas negligenciam e torturam a cítara do corpo: os descuidados e os ascetas. Ambos causam danos ao corpo.

No Ocidente, o corpo tem sido prejudicado de uma maneira, no Oriente de outra; mas somos todos iguais quando se trata de prejudicá-lo. Quem vai ao bordel ou ao bar prejudica seu corpo de uma maneira; e quem se expõe nu ao sol ou se enfurna na floresta prejudica seu corpo de outra.

Somente por intermédio da cítara do corpo pode a música fluir. A música da vida não é a mesma coisa que o corpo – é muito diferente. Todavia, apenas por intermédio da cítara do corpo podemos executá-la. Ainda não se deu a devida atenção a esse fato.

O primeiro passo é o corpo e a atenção que o meditador deve dar ao corpo. Em nosso encontro de hoje, é esse o assunto sobre o qual desejo lhes falar.

Certas coisas precisam ser bem compreendidas.

Primeira: a alma se conecta ao corpo em alguns centros e nossa energia vital provém dessas conexões. A alma está estreitamente ligada a esses centros; destes, a energia vital flui para o corpo.

O buscador que não tem consciência desses centros jamais conseguirá fazer contato com a alma. Se eu perguntar a vocês qual é o centro mais importante, qual é a parte mais importante do seu corpo, vocês sem dúvida responderão que é a cabeça.

A educação absolutamente precária do homem tornou a cabeça a parte mais importante do corpo humano. Mas nem a cabeça nem o cérebro é o centro mais importante da energia vital no homem. Que aconteceria se perguntássemos a uma planta qual é a sua parte mais importante e vital? Como as flores podem ser vistas no alto da planta, esta e nós mesmos diríamos que a parte mais importante são as flores. As flores parecem a parte mais importante, mas não são: a parte mais importante são as raízes, que não se veem.

A mente é a flor na planta do homem, não a raiz. As raízes aparecem primeiro, as flores por último. Se as raízes forem ignoradas, as flores murcharão porque não têm vida separada, própria. Se as raízes receberem cuidados, as flores também receberão, automaticamente; não precisarão de nenhum cuidado especial. Olhando para a planta, achamos que as flores são a parte mais importante, como achamos que, no homem, a parte mais importante é a mente. Mas esta é apenas o desenvolvimento final do corpo humano; ela não é a raiz.

Mao Tsé-tung escreveu suas memórias de infância. Disse: "Quando eu era pequeno, havia um bonito jardim perto da cabana de minha mãe. Era tão bonito e tinha flores tão lindas que pessoas de lugares distantes vinham vê-las. Então minha mãe envelheceu e ficou doente. Não se preocupava com sua doença nem com sua velhice. Preocupava-se apenas com o que aconteceria a seu jardim".

Mao era jovem. Tranquilizou a mãe: "Não se preocupe, cuidarei do seu jardim".

E cuidou, trabalhando de sol a sol. Após um mês a mãe melhorou e, tão logo pôde dar alguns passos, foi ao jardim. Ficou chocada: o jardim estava arruinado! Todas as plantas haviam secado, todas as flores haviam murchado e caído. Transtornada, censurou o filho: "Seu tolo! Trabalhava o dia inteiro no jardim e o que conseguiu? Todas as flores destruídas! O jardim já não existe. Nenhuma planta sobreviverá. Afinal, o que andou fazendo?"

Mao começou a chorar, também ele transtornado. Trabalhara no jardim todos os dias, de sol a sol, mas ainda assim o jardim estava morrendo. Por entre lágrimas, disse: "Cuidei das plantas da melhor maneira possível. Beijei cada flor, amei cada uma delas. Tirei o pó de todas as folhas, lavei-as; não sei o que aconteceu. Fiquei inquieto também, mas as flores continuaram murchando, as folhas continuaram secando e o jardim começou a morrer!" A mãe se pôs a rir: "Sim, você é mesmo um tolo! Não sabe ainda que a vida das flores não está nas flores, que a vida das folhas não está nas folhas?"

A vida de uma planta está num lugar que ninguém vê: nas raízes ocultas sob a terra. Se não cuidarmos das raízes, será inútil cuidarmos das folhas e das flores. Por mais que a beijemos, por mais que a amemos, por mais que a limpemos, a planta fenecerá. Entretanto, se não tomarmos conta das flores e cuidarmos das raízes, as flores tomarão conta de si mesmas. As flores nascem das raízes; as raízes não nascem das flores.

Se perguntarmos a alguém qual é a parte mais importante do corpo humano, seu indicador apontará inconscientemente para a cabeça e ele dirá que a cabeça é a parte mais importante do corpo humano. Ou, se for uma mulher, talvez aponte para o coração, dizendo que o coração é a parte mais importante.

A parte mais importante não é nem a cabeça nem o coração. Os homens enfatizam a cabeça, as mulheres enfatizam o coração; e a sociedade, com base nesse equívoco, vai se arruinando a cada dia porque nenhuma dessas partes é a mais importante no corpo humano. Ambas são desenvolvimentos posteriores. As raízes do homem não estão nelas.

O que quero dizer com raízes do homem? Assim como as plantas têm raízes na terra, de onde extraem sua energia vital e sua nutrição para viver, assim no corpo humano há raízes em determinado ponto que absorvem energia vital da alma. Graças a isso, o corpo permanece vivo. No dia em que as raízes começam a enfraquecer, o corpo começa a morrer.

As raízes das plantas estão embebidas na terra; as raízes do corpo humano estão entranhadas na alma. Mas nem a cabeça nem o coração é o lugar pelo qual o homem está conectado à sua energia vital – e, se não soubermos nada sobre essas raízes, jamais penetraremos no mundo do meditador.

Pois bem: onde estão as raízes do homem? Vocês talvez não saibam. Até coisas simples e comuns, se descuradas por milhares de anos, são esquecidas. A criança é gerada no útero da mãe e nele cresce. Qual a parte que a liga à mãe? A cabeça, o coração? Não, o umbigo. A energia vital chega até ela pelo umbigo – o coração e a cabeça se desenvolvem depois. A energia vital da mãe se torna disponível para o filho através do umbigo. O filho está ligado ao corpo da mãe pelo umbigo. Partindo deste, as raízes penetram no corpo da mãe e voltam para o corpo do filho.

O ponto mais importante do corpo humano é o umbigo; a partir dele o coração se desenvolve e, depois, a mente. Estes últimos são ramos que aparecem mais tarde e nos quais as flores desabrocham. As flores do conhecimento desabrocham na mente, as flores do amor desabrocham no coração. Essas flores é que nos iludem com seu fascínio, levando-nos a crer que são tudo. Porém, as raízes do corpo do homem e sua energia vital se situam no umbigo. Ali, não há flores. As raízes são absolutamente invisíveis, não se veem. A degeneração da vida humana nos últimos 5 mil anos se deve ao fato de termos enfatizado apenas a mente ou o coração. Mesmo este, nós não enfatizamos tanto; quase toda a ênfase vai para a mente.

Desde a infância, nossa educação é uma educação da mente; não há educação do umbigo em nenhum lugar do mundo. Toda educação é da mente, de modo que esta aumenta cada vez mais, enquanto as raízes aumentam cada vez

PARTE 1 – CORPO: O PRIMEIRO PASSO

menos. Cuidamos da mente porque é nela que as flores desabrocham, tornando-a maior – e nossas raízes vão desaparecendo. Assim, o fluxo da energia vital diminui e nosso contato com a alma se enfraquece.

Pouco a pouco, o homem chegou ao ponto de dizer: "Onde está a alma? Quem diz que a alma existe? Quem diz que existe Deus? Não encontramos nada disso". Não vamos encontrar nada disso. Não se pode encontrar nada disso. Se alguém observar de alto a baixo o corpo de uma árvore e disser: "Onde estão as raízes? Não vejo nada" – está dizendo a verdade. Não há raízes em lugar algum da árvore. E não temos acesso ao lugar onde elas estão: não temos consciência desse lugar. Desde a mais tenra infância, todo treinamento, toda educação é da mente, o que confunde nossa atenção e obriga-a a se concentrar na mente. Assim, pelo resto da vida, vagamos em torno da mente. Nossa percepção nem sequer se aprofunda nela.

A jornada do meditador é para baixo, em direção às raízes. Precisamos descer da cabeça ao coração e daí ao umbigo. Só a partir do umbigo podemos penetrar na alma; de outro modo, nunca penetraremos nela.

Normalmente, o movimento da nossa vida é do umbigo para a cabeça. O movimento do buscador percorre o trajeto inverso: desce da cabeça para o umbigo.

Nestes três dias explicarei e mostrarei a vocês, passo a passo, como descer da cabeça ao coração e do coração ao umbigo – para depois entrar, pelo umbigo, na alma.

Hoje, preciso dizer algumas coisas sobre o corpo.

A primeira coisa que vocês devem entender é que o centro da energia vital do homem é o umbigo. Só dele a criança adquire vida; só a partir dele os ramos e sub-ramos de sua vida começam a se estender; só dele a criança retira vitalidade. Entretanto, nossa atenção nunca se volta para esse centro de energia – nem por um minuto sequer. Não enfocamos o sistema por meio do qual chegamos a conhecer esse centro de energia, esse centro de vitalidade. Ao contrário, toda a nossa atenção e toda a nossa educação privilegiam o sistema que nos ajuda a esquecê-lo. Por isso toda a nossa educação é errada.

Nossa educação está levando o homem, aos poucos, à loucura.

A mente, por si só, levará o homem à loucura.

Vocês já notaram que, quanto mais um país se educa, mais loucos produz? Os Estados Unidos possuem, hoje, o maior número de lunáticos. Trata-se de uma questão de orgulho! Tem-se aí a prova de que os Estados Unidos são o país mais educado, mais civilizado do mundo. Os psicólogos norte-americanos sustentam que, se o mesmo sistema persistir por mais cem anos, será difícil encontrar um homem mentalmente são nos Estados Unidos. Mesmo hoje, a mente de três entre quatro pessoas se acha em péssima condição.

Só nos Estados Unidos, 3 milhões de pessoas consultam psicanalistas diariamente. Pouco a pouco, nos Estados Unidos, o número de médicos diminui e o de psicanalistas aumenta.

Até os médicos dizem que 80% das doenças do homem são da mente, não do corpo. E, na medida em que o conhecimento cresce, cresce também essa porcentagem. Primeiro eles falavam em 40%, depois em 50% e agora falam em 80%. E garanto a vocês que, dentro de 20 ou 25 anos, dirão que 99% das doenças são da mente, não do corpo. E terão de dizer isso porque só enfatizamos a mente do homem.

Mente que se tornou insana.

Vocês nem fazem ideia de quão delicado, frágil e sutil é o cérebro. Na verdade, o cérebro do homem é a máquina mais delicada do mundo. Sofre tamanha pressão que chega a parecer estranho não se quebrar e passar a funcionar descontroladamente! Todo o peso da vida recai sobre o cérebro e nós não fazemos a mínima ideia de quão delicado ele é. Também não fazemos a mínima ideia da sutileza e fragilidade dos nervos da cabeça, que são obrigados a suportar todo o fardo, toda a ansiedade, todo o sofrimento, todo o conhecimento, toda a educação [...] o fardo inteiro da vida.

Talvez vocês ignorem que, em nossa pequena cabeça, existem cerca de 70 milhões de nervos. Só por essa quantidade já é possível concluir que são muito finos. Não há máquina ou planta mais delicada que ela. O simples fato de haver 70 milhões de nervos numa pequena cabeça já mostra quão delicada ela é. Há tantos nervos na cabeça de um homem que, se fossem colocados um diante do outro, dariam a volta ao mundo.

Nessa pequena cabeça trabalha um mecanismo muito sutil, muito frágil. Durante os últimos 5 mil anos, toda a pressão da vida se exerceu unicamente contra o cérebro. O resultado não podia ser outro: os nervos começaram a se romper, a se descontrolar, a ensandecer!

O peso dos pensamentos só pode levar o homem à loucura. Toda a nossa energia vital passou a girar em torno do cérebro.

O meditador deve canalizar a energia vital mais para dentro, mais para baixo, na direção do centro; deve imprimir-lhe o movimento contrário. Como? Entender isso já é entender alguma coisa sobre o corpo – o primeiro passo.

O corpo não é encarado como um veículo para a jornada espiritual, como um templo do divino ou como um instrumento para a descoberta do centro da vida. É encarado do ponto de vista da indulgência ou da renúncia – mas essas duas abordagens são errôneas.

O caminho para o que merece ser alcançado na vida está dentro do corpo e passa pelo corpo.

O corpo deve ser aceito como um santuário, um caminho espiritual – e, se essa não for nossa atitude, estaremos sendo indulgentes ou ascetas. De um modo ou de outro, nossa atitude para com o corpo será errônea e desequilibrada.

Um jovem príncipe foi iniciado pelo Buda. Buscara todos os tipos de prazeres que a vida pode oferecer, vivera apenas para o gozo. Depois, tornou-se um *bhikshu*, um monge. Todos os outros *bhikshus* ficaram bastante surpresos. Exclamaram:

"Este aí está se tornando um *bhikshu*! Nunca saiu do seu palácio, nunca foi a lugar nenhum sem sua carruagem. Os caminhos que costumava percorrer eram cobertos de tapetes de veludo. E agora quer ser um mendigo! Que loucura pensa ele fazer?"

O Buda esclareceu que a mente do homem sempre se move entre dois extremos, indo de um a outro. Nunca se detém no meio. Assim como um pêndulo balança de cá para lá e jamais permanece no meio, do mesmo modo a mente do homem se move de um extremo ao outro. Até agora este homem viveu num extremo – a indulgência para com o corpo; agora quer viver no outro extremo – a renúncia ao corpo.

E foi o que aconteceu. Enquanto todos os *bhikshus* andavam pelas estradas, o príncipe, que jamais pisara senão nos tapetes mais valiosos, queria percorrer sendas onde só houvesse espinhos. Enquanto todos os *bhikshus* se sentavam à sombra de uma árvore, ele se expunha ao sol. Enquanto todos os *bhikshus* comiam uma vez por dia, ele só comia em dias alternados. Em seis meses, mais parecia um esqueleto, seu belo corpo escurecera e seus pés estavam cheios de feridas.

Ao fim desse tempo, o Buda foi até ele e disse: "Shrona" (era o seu nome), posso lhe fazer uma pergunta? Ouvi dizer que, quando você era príncipe, também era um dos melhores tocadores de cítara do país. Isso é verdade?"

O *bhikshu* respondeu: "Sim, é verdade. As pessoas costumavam mesmo dizer que ninguém tocava a cítara como eu".

O Buda continuou: "Então vou lhe fazer uma pergunta a que você talvez possa responder. A pergunta é: se as cordas da cítara estiverem muito frouxas, alguma música poderá sair delas?"

Shrona pôs-se a rir: "Que pergunta é essa? Até uma criança sabe que, se as cordas da cítara estiverem frouxas, não produzirão música, pois o som não pode ser criado em cordas frouxas uma vez que é impossível tangê-las. Então a resposta é que nenhuma música poderá sair de cordas frouxas".

O Buda insistiu: "E se as cordas estiverem esticadas demais?"

Shrona explicou: "A música não sai de cordas esticadas demais porque, se tentarmos tangê-las, elas arrebentarão".

O Buda continuou: "Então, quando a música pode ser produzida?"

Shrona disse: "A música pode ser produzida quando dizemos que as cordas não estão nem muito frouxas nem muito esticadas, isto é, quando estão num estado intermediário. Esse ponto intermediário existe: só então a música é produzida. O bom músico experimenta as cordas para ver se não estão muito frouxas ou muito esticadas antes de começar a tocar".

O Buda se deu por satisfeito: "Isso basta. Obtive a resposta. E vim lhe dizer a mesma coisa. Assim como você foi um especialista em tocar a cítara do mundo, eu me tornei um especialista em tocar a cítara da vida. A lei que se aplica à cítara do mundo se aplica também à cítara da vida. Se as cordas da vida estiverem muito frouxas, a música não aparece; se as cordas da

PARTE 1 – CORPO: O PRIMEIRO PASSO

vida estiverem muito esticadas, também não. Aquele que almeja compor a música da vida deve primeiro averiguar se as cordas não estão nem muito frouxas nem muito esticadas".

Onde está a cítara da vida?

Com exceção do corpo do homem, não há outra cítara na vida. E há cordas no corpo humano que não podem ficar nem muito esticadas nem muito frouxas. Só no estado de equilíbrio o homem penetra na música. Conhecer essa música é conhecer a alma. Quando o homem toma conhecimento da música que está dentro dele, toma conhecimento também da alma; e quando toma conhecimento da música que está dentro do todo, toma conhecimento do divino.

Onde estão as cordas da cítara do corpo do homem? Para começar, existem na mente muitas cordas exageradamente esticadas. Tão esticadas que não conseguem produzir música. Se alguém as tocar, produzirão loucura e nada mais. E todos vocês vivem com as cordas da mente muito esticadas. Durante 24 horas por dia, de manhã à noite, vocês as mantêm tensas. E quando pensam que irão relaxar à noite, se enganam. Mesmo durante a noite a mente continua pressionada e tensa.

Antes, ignorávamos o que acontecia na mente do homem à noite, mas agora temos máquinas. Enquanto a pessoa dorme, a máquina vai registrando o que seu cérebro está urdindo.

Atualmente, nos Estados Unidos e na Rússia, existem cerca de 100 laboratórios testando o que o homem faz durante o sono. Cerca de 40 mil pessoas foram examinadas enquanto dormiam à noite. Os resultados obtidos são dos mais surpreendentes. Mostram que o homem faz durante a noite tudo o que faz durante o dia: se administra uma loja durante o dia, continua administrando-a durante a noite. Se a mente se inquieta durante o dia, continua se inquietando durante a noite. Quando se enfurece durante o dia, continua se enfurecendo durante a noite.

A noite é o reflexo do dia inteiro; é seu eco. O que quer que aconteça na mente durante o dia, nela ressoa como eco durante a noite. O que quer que tenha sido deixado por fazer durante o dia, a mente tenta concluir durante a noite. Se você ficou zangado com alguém e não exprimiu totalmente sua raiva, se esta permaneceu incompleta ou bloqueada, a mente irá liberá-la à noite. Para completar a expressão da raiva, a corda da cítara procura atingir o estado certo. Se a pessoa jejuou durante o dia, come à noite, em sonho. O que ficou incompleto de dia será completado de noite.

Portanto, tudo o que a mente faz durante o dia ela repete durante a noite. Por 24 horas, ela permanece tensa; não há descanso. As cordas da mente nunca se afrouxam. As cordas da mente estão sempre muito esticadas – eis a primeira verdade.

A segunda é: as cordas do coração estão sempre muito frouxas. Não se esticam nunca. Vocês conhecem o amor? Conhecem a raiva, a inveja, o ciúme, o ódio. Mas conhecem o amor? Talvez digam que sim – que às vezes vocês amam. Talvez digam que odeiam, mas também amam. Mas conhecem...?

Pode existir um coração que ama e também odeia? O mesmo seria dizer que uma pessoa às vezes está viva e às vezes morta! Isso seria absurdo porque o homem só pode estar vivo ou morto; as duas situações não ocorrem ao mesmo tempo. Que alguém esteja às vezes vivo e às vezes morto não é possível; é absolutamente impossível. Ou o coração conhece apenas o ódio ou conhece apenas o amor. Não existe acomodação entre os dois sentimentos. Num coração que tem amor, o ódio não entra.

Houve uma mulher faquir chamada Rabiya. No livro sagrado que lia, ela riscou uma linha, eliminou uma linha. Ora, ninguém elimina linhas em livros sagrados, pois o que se poderia melhorar nesses livros?

Outro faquir visitou Rabiya, viu o livro e disse: "Rabiya, alguém estragou todo o seu livro sagrado! Ele não é mais sagrado, pois uma linha foi riscada. Quem fez isso?"

Rabiya disse: "Eu".

O faquir ficou chocado e perguntou: "Por que riscou essa linha?" A linha rezava: odeie o Diabo.

Rabiya respondeu: "Tenho um problema. Desde o dia em que o amor a Deus despertou em mim, o ódio me deixou, de modo que, mesmo querendo, não conseguiria odiar. Portanto, se o Diabo aparecesse à minha frente, eu só conseguiria amá-lo. Não me resta escolha: para odiar, o ódio teria de estar em mim; antes de odiar, o ódio teria de entrar em meu coração. De onde mais eu o tiraria, como, de outra forma, eu o praticaria?"

Amor e ódio não podem coexistir no mesmo coração. Essas duas coisas são tão contrárias quanto a vida e a morte: não podem estar juntas num mesmo lugar.

Então, o que vem a ser aquilo que vocês chamam de amor? Quando há menos ódio, vocês o chamam de amor; quando há mais ódio, vocês o chamam de ódio. O que temos então são proporções maiores e menores de ódio: amor não existe aí. O engano ocorre por causa dos graus, que nos induzem a supor que frio e quente são coisas diversas. Mas não são: quente e frio constituem gradações de uma só e mesma coisa. Se a quantidade de calor num objeto diminui, ele começa a parecer frio; se a quantidade de calor num objeto aumenta, ele começa a parecer mais quente. O frio não passa de outra forma do quente. Parecem opostos, diferentes, contrários um ao outro, mas não são. São formas condensadas e não condensadas da mesma coisa.

Conhecemos o ódio de modo idêntico: a forma menos condensada de ódio é sentida como amor, a forma mais condensada de ódio é sentida como ódio – mas o amor não é, de modo algum, uma forma de ódio. O amor é muito diferente do ódio – o ódio não tem relação alguma com o amor.

As cordas do seu coração estão sempre totalmente frouxas e não podem produzir a música do amor. Nem a música da bem-aventurança. Vocês já experimentaram a bem-aventurança em suas vidas? Podem citar um momento que tenha sido de bem-aventurança e que vocês reconheceram como tal? É difícil dizer, com franqueza, que já vivenciamos esse estado.

Vocês já conheceram alguma vez o amor? A paz? Também aqui é difícil responder que sim.

O que vocês conhecem? A inquietação. Bem, às vezes a inquietação não é tão grande – e vocês a chamam de paz. Na verdade, vocês são tão inquietos que, se a inquietação diminui, dá a ilusão de paz. Um homem está doente: quando melhora um pouco, afirma que recuperou a saúde. Se a doença que o aflige cede em parte, ele pensa que se tornou saudável. Mas qual é a relação entre saúde e doença? A saúde é coisa totalmente diversa.

Sim, a saúde é coisa totalmente diversa. Poucas pessoas sabem de fato o que ela é. Sabem o que é mais doença, o que é menos doença, mas não o que é saúde. Sabem o que é mais inquietação, o que é menos inquietação, mas não o que é paz. Sabem o que é mais ódio e o que é menos ódio. Sabem o que é mais cólera e o que é menos cólera...

Vocês podem achar que a cólera só se manifesta ocasionalmente. Essa ideia é falsa – vocês ficam coléricos as 24 horas do dia! Às vezes mais, às vezes menos, mas o dia inteiro. Ao mínimo pretexto, a cólera vem à tona, pois está sempre em busca de um pretexto. Alerta o tempo todo dentro da pessoa, só aguarda a oportunidade vinda de fora para lhe dar a desculpa de encolerizar-se. Se vocês ficarem coléricos sem uma desculpa, os outros pensarão que enlouqueceram. Entretanto, se não tiverem uma oportunidade, começarão a se encolerizar do mesmo jeito, sem motivo algum. Talvez vocês não saibam disso.

Digamos, por exemplo, que uma pessoa seja fechada num quarto, com todo o conforto, e instruída a anotar todas as mudanças que ocorrerem em sua mente. Ao fazer isso, ela perceberá que às vezes se sente bem no quarto fechado, às vezes mal; às vezes fica triste, às vezes alegre; às vezes sente raiva, às vezes não. Ali não há desculpas, a situação no quarto é sempre a mesma – mas o que está acontecendo com a pessoa? Por isso o homem tem medo de ficar só: na solidão, não há desculpas vindas de fora e ele precisa assumir que tudo está dentro dele. Nenhuma pessoa mantida em isolamento consegue permanecer sadia por mais de seis meses; depois disso, enlouquece.

Um faquir falou sobre isso a um imperador egípcio, mas este não lhe deu crédito. Então o faquir propôs que se encontrasse a pessoa mais feliz da cidade e que ela fosse posta em isolamento por seis meses. A cidade foi vasculhada. Um jovem feliz em todos os sentidos – casado há pouco, com um filho e um bom salário, ele não podia ser senão feliz – foi levado à presença do monarca, que lhe disse: "Não vamos prejudicá-lo. Só queremos fazer uma experiência. Não faltará nada à sua família: comida, vestuário, tudo será providenciado para ela. A situação de seus familiares será melhor que a sua. Você gozará de todo o conforto por seis meses, mas terá de viver sozinho".

O jovem foi fechado numa grande casa, onde não lhe faltava coisa alguma – mas a solidão era tão profunda! O guarda que o vigiava não sabia sua língua, de modo que não podiam conversar. Após dois ou três dias, o homem começou a ficar nervoso. Tinha todo o conforto, não precisava fazer nada: a comida chegava pontualmente, ele podia dormir na hora certa. Como fosse um palácio real, o lugar dispunha de todas as facilidades e não havia ali nenhum transtorno. O jovem podia fazer o que quisesse, menos falar com outras pessoas. Não podia ver ninguém. Após dois ou três dias, começou a se sentir pouco à vontade; após oito, já gritava: "Tirem-me daqui! Quero ir embora!"

O que aconteceu? O jovem descobriu que os problemas vinham do seu íntimo. Até o dia anterior, ele julgava que vinham de fora; agora, na solidão, percebia que vinham de dentro.

Ao fim de seis meses, o jovem ficou louco. Ao ser libertado, estava completamente insano. Falava sozinho, amaldiçoava-se, irritava-se consigo mesmo e passara a amar apenas a si próprio. O "outro" não estava mais presente. Levou seis meses para enlouquecer e seis anos para se curar.

Qualquer um de nós pode ficar louco. As outras pessoas nos fornecem pretextos, por isso não enlouquecemos. Sempre arranjamos uma desculpa: "Aquele sujeito me ofendeu, por isso estou furioso". Ora, ninguém se enfurece porque alguém o ofendeu. A raiva já existia lá dentro; a ofensa foi apenas o pretexto para ela se manifestar.

Um poço está cheio: se descermos nele um balde, tiraremos água. Mas se o poço estiver seco, não importa quantas vezes desçamos o balde, não tiraremos água alguma. O balde, por si só, não tem poder para se encher; primeiro, deve haver no poço água que o encha. Caso haja água no poço, o balde subirá cheio; caso não haja, o balde subirá vazio.

Se não houver raiva dentro de nós, se não houver ódio dentro de nós, então nenhuma força neste mundo será capaz de tirar de nós ódio ou raiva. Nos intervalos, quando ninguém desce o balde no poço, a pessoa pode alimentar a ilusão de que no poço não há água. Se descermos o balde, poderemos tirar água; mas se não descermos, seria grande engano pensarmos que o poço está seco. Do mesmo modo, se ninguém nos dá o pretexto, nenhum ódio, raiva ou inveja brota de nós. Isso, porém, não quer dizer que não haja água em nosso poço! Ela está lá, esperando que alguém chegue com um balde e a tire. Nós, porém, achamos que esses momentos vazios, intermediários, são momentos de amor, de paz. Engano.

Sempre, depois de uma guerra, as pessoas declaram que a paz voltou. Mas Gandhi disse: "A meu ver, não é assim. Ou há guerra ou preparação para a guerra; paz, nunca. A paz é um embuste".

No momento, não temos guerras no mundo; a Segunda Guerra Mundial terminou e estamos esperando pela terceira. Se afirmarmos que estes são dias de paz, mentiremos. Estes não são dias de paz – são dias de preparação para a Terceira

Guerra Mundial. Em toda parte, preparativos para mais uma guerra estão em curso. Ou há guerra ou preparação para a guerra. O mundo, desde que existe, nunca viu um dia de paz.

Dentro do homem, também, ou há cólera ou preparação para a cólera – o homem não conhece o estado de ausência de cólera. Há inquietude – que emerge ou se prepara para emergir. Se acharmos que os momentos de preparação interior são momentos de paz, cometeremos um grande engano.

As cordas do seu coração estão muito frouxas: delas, só brotam a cólera, a distorção, a desarmonia. Delas, a música não brota nunca. Se as cordas da sua mente estiverem esticadas demais, produzirão loucura; se estiverem muito frouxas, produzirão cólera, inimizade, inveja e ódio. As cordas do seu coração devem estar um pouco mais esticadas para que o amor brote delas; as cordas da sua mente devem estar um pouco mais frouxas para que delas brote a inteligência, não a sandice. Havendo equilíbrio entre essas cordas, haverá também a possibilidade de que a música da vida se faça ouvir.

Examinemos agora duas coisas: como afrouxar as cordas da mente e como esticar, distender as cordas do coração. O método para se conseguir isso é o que chamo de meditação.

Se as duas coisas acima mencionadas acontecerem, a terceira acontecerá também e então será possível descer ao verdadeiro centro da vida: o umbigo. Se a música brotar desses dois centros, permitirá o movimento interior. Ela se tornará um submarino para nos levar mais fundo. Quanto mais harmoniosa for a personalidade, mais música brotará de dentro e mais fundo poderemos descer. Quanto mais desarmonia houver no íntimo, mais rasos seremos e mais perto da superfície permaneceremos.

Nos próximos dois dias, vamos discutir esses dois pontos – mas não só discutir, também investigar um modo de equilibrar as cordas da cítara da vida.

Vocês devem se lembrar dos três pontos que mencionei para poderem conectá-los com as coisas que agora vou lhes dizer.

Primeira coisa: a alma do homem não está ligada nem à mente nem ao coração, está ligada ao umbigo. O ponto mais importante, o centro do corpo humano é o umbigo. Ele se acha não apenas no centro do corpo humano, mas também no centro da vida. A criança nasce por intermédio dele e a vida dela termina nele. Para as pessoas que entram no templo da verdade, o umbigo funciona como a porta.

Vocês talvez não percebam que, durante o dia, respiram com o peito, mas de noite a respiração começa no umbigo. O dia inteiro, seu peito sobe e desce; à noite, quando dormem, esse movimento é executado pelo ventre. Vocês já devem ter visto uma criança pequena respirando: o peito dela não se move, a barriga é que sobe e desce. É que as crianças pequenas ainda estão muito próximas do umbigo. Ao crescer, passam a respirar unicamente pelo peito e as reverberações da respiração não chegam mais ao umbigo.

Se alguém estiver percorrendo uma estrada, de bicicleta ou de carro, e de súbito um acidente ocorrer, ficará surpreso ao notar que o primeiro impacto será sentido no umbigo, não na mente ou no coração. Se um homem de repente nos agredir com uma faca, o primeiro tremor ocorrerá no umbigo, não em outra parte qualquer. Mesmo agora, se ficarmos com medo, sentiremos o primeiro tremor no umbigo. Sempre que a vida corre perigo, os primeiros tremores são sentidos no umbigo porque este é o centro da vida. Os tremores não ocorrem em nenhuma outra parte. As fontes da vida estão ligadas ao umbigo e, uma vez que nunca prestamos atenção a ele, ficamos mergulhados numa espécie de limbo. O centro umbilical está totalmente enfermo e não lhe damos a mínima atenção, de sorte que não há como ele se desenvolver.

Algo tem de ser feito para ajudar no desenvolvimento do centro umbilical. Inventamos escolas e universidades para que a mente progrida; do mesmo modo, algumas disposições são absolutamente necessárias para que o mesmo ocorra ao centro umbilical – pois certas medidas desenvolvem o centro umbilical e outras, não.

Repetindo: quando uma situação de medo ocorre, esse medo é sentido primeiramente no umbigo. Portanto, quanto mais a pessoa combater o medo, mais saudável seu umbigo será; e quanto mais ela praticar a coragem, mais seu centro umbilical se desenvolverá. Quanto menos medo houver, mais forte e saudável o umbigo se tornará. Desse modo, a pessoa estabelecerá um contato mais profundo com a vida. Por isso, todos os grandes meditadores do mundo consideraram a ausência de medo uma qualidade essencial do buscador; essa é a importância da ausência do medo. Com efeito, ela deixa o centro umbilical totalmente vivo, sendo, portanto, imprescindível para o desenvolvimento completo do umbigo.

Discutiremos esse tópico passo a passo.

Convém prestar a máxima atenção ao centro umbilical, deslocando-a bem devagar da mente e do coração para que ela desça e se aprofunde cada vez mais. Para tanto, faremos duas experiências de meditação, uma de manhã, a outra à noite. Explicarei a da manhã para vocês e depois, por 15 minutos, permaneceremos sentados meditando.

Se quisermos que a consciência se mova para baixo, a partir da mente, é preciso que esta esteja totalmente relaxada. Entretanto, nós a mantemos tensa o tempo todo. E nem percebemos isso: ela está totalmente tensa e nós não sabemos. Assim, é necessário, como primeiro passo, permitir que ela relaxe.

Quando nos sentamos para meditar, três coisas devem ser levadas em consideração...

Primeira: a mente toda deve estar relaxada, tão calma e descontraída que não faça coisa alguma. Mas como saber que ela está relaxada? Se fechamos o punho com força, percebemos que a musculatura inteira ficou tensa. Quando o abrimos, percebemos que todos os músculos se descontraíram. Uma vez que nossa mente fica tensa o tempo todo, nem sequer sabemos o que é estar tensos e o que é estar relaxados. Façam então isto: deixem a mente o mais tensa possível e depois a relaxem de súbito. Desse modo, notarão a diferença entre mente tensa e mente relaxada.

Assim, quando vocês se sentarem para a meditação, deixem a mente, por um minuto, o mais tensa que puderem, pressionando-a ao máximo. Eu direi então: "Agora, podem relaxá-la" – e vocês a deixarão totalmente relaxada. Aos poucos, perceberão o que é estar tensos e o que é estar relaxados. Terão de sentir isso, terão de fazer disso uma experiência sua. Em seguida, conseguirão relaxar mais e mais. Portanto, o primeiro passo é descontrair a mente por completo.

Não só a mente, mas o corpo inteiro deverá ser relaxado. Vocês deverão se sentar confortavelmente, de modo que não haja nenhuma tensão, pressão ou peso em parte alguma do corpo. E depois? No momento em que vocês se relaxarem inteiramente, começarão a ouvir o canto dos pássaros, o som das pás de um moinho, o grito distante de um corvo, outros sons... Começarão a ouvir tudo isso porque, quanto mais descontraída estiver, mais sensível a mente se tornará. Vocês ouvirão e sentirão as mínimas coisas. Ouvirão as batidas do seu coração, perceberão os movimentos da sua respiração.

Em seguida, sentados em silêncio, deverão apenas notar o que está acontecendo à sua volta; nada mais. Estão ouvindo sons? Ouçam-nos quietos. Um pássaro canta – ouçam-no quietos. O ar entra e sai – observem silenciosamente esse movimento. Não façam mais nada porque, se fizerem, a mente começará a ficar tensa.

Apenas continuem sentados, num estado de lucidez descontraída. As coisas estão acontecendo por si mesmas, vocês simplesmente escutam em silêncio. Ficarão impressionados ao ver que, enquanto ouvem em silêncio, um silêncio mais profundo começa a brotar do seu íntimo. Quanto mais profundamente ouvirem, mais esse silêncio aumentará. Depois de dez minutos, perceberão que se tornaram um extraordinário centro de silêncio e que tudo o mais serenou.

Empregaremos essa técnica como primeira experiência da manhã. Para começar: vocês tornarão sua mente totalmente tensa. Quando eu lhes disser para fazer isso, fechem os olhos e deixem que ela fique o mais tensa possível. Depois eu lhes pedirei para relaxá-la: relaxem-na então, continuem relaxando-a... Do mesmo modo, descontraiam o corpo. De olhos fechados, em silêncio, ouçam calmamente todos os sons que lhes chegarem aos ouvidos. Por dez minutos, apenas ouçam em silêncio – não precisam fazer mais nada. Durante esses dez minutos, pela primeira vez vocês sentirão que um manancial de silêncio começou a fluir e que sua energia vital iniciou um movimento para baixo a partir da mente.

Vocês devem ficar sentados um pouco distantes um do outro. Ninguém tocará ninguém. Algumas pessoas podem ir para o fundo do pátio: as que estão familiarizadas com esta prática matinal ou já participaram de retiros de meditação. Assim, permitirão que os novatos escutem melhor. Se eu quiser dizer alguma coisa a eles, dar-lhes instruções, eles escutarão. Os veteranos devem ir para o fundo para que os novatos se sentem na frente. Sim, velhos amigos atrás, novos amigos na frente. Alguns ficarão mais longe, outros mais perto, e todos escutarão. Ninguém toque ninguém. Ninguém toque seu vizinho. Mas é o que estão fazendo! Afastem-se um pouco. Mais um pouco. Sentem-se na areia.

Agora fechem os olhos bem devagar. Bem devagar. Não deve haver tensão nas pálpebras. Não as forcem: baixem-nas lentamente, sem pôr peso nos olhos. Fechem os olhos. Sim, fechem-nos, mas suavemente.

Deixem agora o corpo todo relaxado, exceto a mente. Coloquem o máximo de tensão na mente, pressionando-a, toda ela, o quanto puderem. Façam um grande esforço para deixar a mente tensa. Deixem-na tensa com todas as forças que tiverem, mas com o corpo relaxado. Concentrem todas as energias na mente, para que ela fique inteiramente tensa – do mesmo modo que um punho com todos os músculos contraídos. Por um minuto, deixem-na tensa por completo. Não a deixem afrouxar, mantenham-na sempre tensa. Ao máximo. Por completo. Com todas as suas forças, deixem-na tão tensa que, quando a relaxarem, ela fique totalmente relaxada. Coloquem o máximo de tensão na mente! O máximo!

Agora, relaxem-na por inteiro. Totalmente. Deixem que ela se descontraia por completo. Liberem toda a tensão. O relaxamento começará de dentro. Por dentro, vocês sentirão que alguma coisa se desprendeu, que alguma coisa sumiu, que alguma coisa serenou. Relaxem, relaxem totalmente...

Sentados em silêncio, ouçam todos os sons à sua volta – o vento soprando no arvoredo, alguns pássaros cantando. Apenas ouçam.

Continuem ouvindo esses sons ambientes. Sua mente se tornará ainda mais silenciosa, ainda mais silenciosa... Ouçam! Ouçam silenciosamente, totalmente relaxados. Não façam outra coisa a não ser ouvir. Por dez minutos, não sejam mais que alguém que ouve... Se continuarem ouvindo, a mente começará a ficar silenciosa... Continuem ouvindo em silêncio, apenas ouvindo; a mente se tornará silenciosa. O silêncio brotará em seu íntimo por si próprio. Vocês só ouvem... continuem ouvindo... a mente está se tornando silenciosa, totalmente silenciosa. A mente está se tornando silenciosa. Continuem ouvindo em silêncio, a mente está se tornando silenciosa...

Fonte: The Inner Journey, Capítulo 1

PARTE 2

MEDITAÇÃO:
UM TRAMPOLIM PARA O SER

O que é meditação?

Para mim, a coisa mais importante que existe.
A meditação é o ponto de partida de todo o meu esforço.

Entretanto, acho muito difícil verbalizá-la. Dizer qualquer coisa sobre meditação constitui, em si, uma contradição de termos. É algo que podemos ter, que podemos ser – mas que, por sua própria natureza, não conseguimos definir. Ainda assim, muitas tentativas foram feitas para, de algum modo, explicar o que ela é. Mesmo que ofereçam uma compreensão apenas fragmentária e parcial, isso já será mais do que se poderia esperar.

Na verdade, essa compreensão parcial da meditação pode se tornar uma semente. Mas é preciso ouvir. Se vocês se limitarem a escutar, nem um fragmento chegará a seus ouvidos; mas, se ouvirem... Tentem perceber a diferença entre as duas atitudes.

Escutar é um ato mecânico. Vocês têm ouvidos e podem escutar. Se ficarem surdos, existem aparelhos que os ajudarão. Seus ouvidos são um mecanismo feito para captar sons. Escutar é coisa simples: os animais escutam, todas as criaturas dotadas de ouvidos podem escutar – mas ouvir é uma etapa bem mais elevada.

Ouvir significa não fazer mais nada enquanto se ouve. Não há, então, outros pensamentos na mente, nenhuma nuvem cruza o céu interior – tudo o que se diz chega como está sendo dito. A mente não interfere; não há interpretações nem preconceitos. O que se diz não é obscurecido pelo que, no momento, ocorre em nosso íntimo – porque tudo isso são distorções.

Em geral, escutar é fácil porque aquilo que escutamos se refere a objetos comuns. Se falo algo a respeito da casa, da porta, da árvore, do pássaro, não há problema. Esses são objetos comuns. E em se tratando de objetos comuns, não há necessidade de ouvir. Mas ouvir é necessário quando discorremos sobre meditação, que não é um objeto, mas um estado subjetivo. Só podemos indicá-lo; e se vocês estiverem muito atentos, muito abertos, então existe a possibilidade de que captem algum significado.

Se uma ligeira compreensão aflorar dentro de vocês, já bastará, pois a compreensão tem seu próprio modo de crescer. Se um fragmento de compreensão cair no lugar certo – no coração –, ele começará a vicejar por si só.

Primeiro, procurem entender a palavra meditação. Não é o termo certo para o estado do qual o autêntico buscador deve se ocupar. Por isso, vou lhes dizer algo sobre certas palavras. Em sânscrito, temos uma para meditação, que é *dhyana*. Em nenhuma outra língua existe palavra semelhante; ela é

PARTE 2 – MEDITAÇÃO: UM TRAMPOLIM PARA O SER

intraduzível. Há 2 mil anos se sabe que é impossível traduzi-la por uma razão muito simples: os falantes de outros idiomas nunca tentaram vivenciar o estado que ela denota e por isso esses idiomas não possuem um vocábulo condizente.

Uma palavra só é necessária quando existe algo a dizer, algo a designar. Examinemos três palavras na língua de vocês. A primeira é "concentração". Já vi inúmeros livros escritos por pessoas bem-intencionadas, mas não com a experiência de meditar, que empregam a palavra "concentração" para *dhyana* – mas *dhyana* não é concentração. Concentração significa apenas o ato de focalizar a mente num ponto; é um estado mental. A mente, o mais das vezes, está em constante movimento; ora, se ela não pára de se mover, não podemos usá-la para certos propósitos.

Por exemplo, na ciência a concentração é exigida; sem ela, não há possibilidade de existir ciência. Entende-se bem por que a ciência não se desenvolveu, com suas profundas conexões internas, no Oriente: ali, a concentração nunca foi valorizada. A religião não precisa de concentração, precisa de algo mais.

Concentrar-se é colocar a mente num ponto só. Tem sua utilidade, pois então a pessoa pode penetrar cada vez mais num objeto.

Eis o que a ciência faz: descobre cada vez mais detalhes sobre o mundo objetivo. O homem cuja mente vagueia sem parar não pode ser um cientista. A arte do cientista consiste em sua capacidade de pôr toda a consciência numa só coisa e esquecer o resto. E pôr a consciência inteira numa só coisa é mais ou menos como concentrar raios solares através de uma lente: cria-se fogo.

Os raios, por si mesmos, não podem criar fogo porque são difusos, isto é, estão muito separados uns dos outros. Seu movimento é exatamente o oposto da concentração. Esta pressupõe raios avançando unidos para um ponto; e, quando muitos raios se encontram num ponto, têm energia suficiente para criar fogo. A consciência possui a mesma qualidade: concentrem-na e vocês penetrarão mais fundo no mistério dos objetos.

Vem-me à cabeça Thomas Alva Edison – um dos grandes cientistas deste país. Trabalhava um dia tão concentradamente em um projeto que, quando sua mulher chegou com o café da manhã, nem sequer notou a presença dela. Estava totalmente envolvido. Sequer olhou para a mulher, não tomou consciência de que ela entrara – e a mulher concluiu que não era hora de perturbá-lo. "O café da manhã vai esfriar, é claro, mas ele ficará muito bravo se eu o incomodar. Nunca se sabe por onde este homem anda."

Assim, deixou a bandeja ao lado do marido para que, quando ele voltasse de sua jornada de concentração, visse o café da manhã e comesse. Mas o que aconteceu? Logo depois, um amigo entrou – e também o viu concentrado. Percebeu que a comida estava esfriando e disse para si mesmo: "É melhor deixá-lo com seu trabalho. O café da manhã está esfriando, vou aproveitá-lo". Devorou a comida e Edison nem se deu conta de que o amigo estava ali e saboreara seu desjejum.

Quando voltou da concentração, olhou em volta, avistou o recém-chegado e notou os pratos vazios. Disse-lhe então: "Desculpe-me, você se atrasou um pouco e eu já tinha tomado meu café da manhã". Obviamente, se os pratos estavam vazios, alguém havia comido – e quem poderia ser? Ele, é claro! O pobre amigo não sabia o que fazer. Pensara em pregar-lhe uma peça, mas o surpreendido fora ele próprio ao ouvir Edison comentar: "Você se atrasou um pouco...".

A mulher, porém, vira tudo. Aproximou-se e explicou: "Não foi ele quem chegou tarde, foi você! Ele comeu seu desjejum. Eu estava aqui, observando, mas a comida ia esfriar de qualquer jeito... Pelo menos alguém a aproveitou. Cientistas! O que fazem com sua ciência, não sei". E concluiu: "Você nem viu quem comeu sua comida. E ainda se desculpa, dizendo 'Você se atrasou um pouco...'".

A concentração é sempre um estreitamento da consciência. Quanto mais estreita ela fica, mais poderosa se revela. É como uma espada mergulhando em algum segredo da natureza: a pessoa tem que se esquecer de tudo o mais. Isso, porém, não é religião. Muitas pessoas confundem as duas coisas, não só no Ocidente, mas também no Oriente. Pensam que concentração é religião. A concentração nos dá grandes poderes, mas poderes mentais.

48 OS SEIS ASPECTOS DA MEDITAÇÃO

Por exemplo. O rei de Varanasi [Benares], na Índia, fez uma cirurgia em 1920 – ainda neste século – e, por isso, foi notícia no mundo inteiro. Não quis tomar anestesia. Disse: "Jurei não tomar nada que me tornasse inconsciente, por isso não me deem clorofórmio. Mas não se preocupem".

Era uma operação séria: a remoção do apêndice. Remover o apêndice de alguém sem anestesia pode ser realmente perigoso. O paciente talvez não suporte a dor, que é terrível. O médico corta o estômago, corta o apêndice e o tira fora. A operação dura uma, duas horas – e nunca se sabe em que condição o apêndice está.

Mas o paciente não era uma pessoa comum – de outro modo, os médicos o forçariam a obedecer-lhes –, era o rei de Varanasi. "Não se preocupem" – e os melhores médicos da Índia estavam ali, acompanhados de um especialista inglês. Consultaram-se entre si: nenhum queria fazer a operação, mas a operação tinha de ser feita, pois a qualquer momento o apêndice poderia matar o homem. A situação era grave e as duas alternativas também: sem a operação, o rei talvez morresse; se a operação fosse feita sem que o rei estivesse inconsciente... Isso nunca acontecera, não havia precedentes.

Mas o rei insistiu: "Vocês não estão me entendendo. Não há precedentes porque nunca operaram um homem como o que agora vão operar. Apenas me deem meu livro religioso, o *Shrimad Bhagavad-Gītā*. Eu o lerei e, depois de cinco minutos, vocês começarão seu trabalho. Quando eu estiver envolvido no *Gītā*, poderão cortar qualquer parte do meu corpo que não sentirei nada. Não haverá dor alguma".

O rei continuava insistindo – morreria de qualquer modo, de sorte que não custava tentar. Talvez ele estivesse certo: era muito conhecido por suas práticas religiosas. Então foram em frente. O rei leu o *Gītā* por cinco minutos e fechou os olhos; o livro caiu de suas mãos e os médicos fizeram a cirurgia, que durou uma hora e meia. A coisa era realmente séria: mais algumas horas e o apêndice supuraria, matando o homem. Removeram o órgão com o paciente totalmente desperto, silencioso – seus olhos nem piscavam. Estava bem longe dali.

Aquela era uma prática de toda uma vida: o rei lia por cinco minutos e se ausentava. Sabia o *Gītā* de cor e podia repeti-lo sem consultar o livro. Quando mergulhava no *Gītā*, ficava no *Gītā*; sua mente abandonava o corpo e permanecia ali.

A notícia da operação correu mundo; era um acontecimento raro. Mas o equívoco de sempre foi cometido novamente. Os jornais apregoaram que o rajá, rei de Varanasi, era homem profundamente versado na meditação. Mas era versado na concentração, não na meditação.

Ele próprio confundia as coisas, pensando que atingira o estado meditativo. Não. Quando nossa mente se volta inteira para um ponto, tudo o mais fica fora de foco; já não notamos nada à nossa volta. Mas esse não é um estado de percepção, é um estado de consciência estreitada – tão estreitada que se fixa numa coisa só, ignorando o resto da existência.

Portanto, antes de eu responder à sua pergunta, "O que é meditação?", vocês precisam entender o que ela não é. Primeiro: não é concentração. Segundo: não é contemplação.

A concentração tem foco; a contemplação se estende por um campo mais vasto. Vocês contemplam a beleza... Há milhares de coisas belas; é possível passar facilmente de uma para outra. Vocês têm inúmeras experiências da beleza e podem ir de uma a outra, mas sempre confinados a esse tema. A contemplação é uma concentração mais ampla, não focada, mas restrita a um tema só. Vocês se moverão, sua mente se moverá – mas sem sair do tema.

Como método, a filosofia emprega a contemplação; a ciência, a concentração. Também na contemplação a pessoa esquece tudo, exceto seu tema. Este é mais vasto e ela tem mais espaço para se mover. Na concentração, o espaço não existe. A pessoa vai cada vez mais fundo, limita-se cada vez mais, enfoca continuamente – mas não se move em nenhuma outra direção. Eis o motivo pelo qual os cientistas têm a mente tão estreita. Vocês ficaram surpresos por eu dizer isso?

Pensa-se em geral que os cientistas têm mente aberta. Não é bem assim. Eles têm mente aberta quando se trata de seu tema: estão sempre dispostos a ouvir contestações às suas teorias com a mais absoluta imparcialidade. Mas, exceto aí, são mais preconceituosos, mais intolerantes que o homem comum por uma razão muito simples: só se importam com seus assuntos e, no resto, aceitam tudo aquilo em que a sociedade acredita.

As pessoas religiosas exultam com isso: "Vejam, ele é um grande cientista, um prêmio Nobel" etc., etc., "e, no entanto, vai à igreja diariamente!" Esquecem-se de que não é o cientista ganhador do prêmio Nobel que frequenta a igreja, mas o homem despido de seu aspecto científico. E esse homem, exceto pelo aspecto científico, é mais crédulo que qualquer outro – pois os outros são abertos, acessíveis, refletem sobre os fatos; comparam as religiões para descobrir a melhor; às vezes leem sobre outros credos e possuem algum senso comum. Os cientistas, não.

Para ser cientista, a pessoa tem de sacrificar algumas coisas, como por exemplo o senso comum – que é uma qualidade comum de gente comum. O cientista é uma pessoa incomum, tem um senso incomum. Com o senso comum não podemos descobrir a teoria da relatividade ou a lei da gravitação universal, só podemos fazer outras coisas.

Albert Einstein, por exemplo, foi talvez o único homem na história capaz de se haver com equações tão grandes que uma só delas às vezes ocupa uma página inteira: números com centenas de zeros. Mas ficou tão envolvido com equações complicadas que se esqueceu das pequenas coisas. (As equações não eram nada comuns, pois ele pensava em astros, anos-luz, milhões, bilhões, trilhões de estrelas que esperam para ser contadas.)

Certo dia, entrou num ônibus e entregou o dinheiro ao cobrador. Este lhe devolveu o troco. Einstein contou-o e disse: "Nada disso, você quer me enganar. Dê-me o troco certo".

O cobrador pegou o troco, contou-o de novo e disparou: "Parece que o senhor não conhece números".

Einstein relata: "Quando ele me disse 'Parece que o senhor não conhece números', eu simplesmente aceitei o troco e murmurei para mim mesmo: 'É melhor eu ficar quieto. Se alguém mais souber que não conheço números, e isso dito por um cobrador de ônibus...' Com o quê eu lidara a vida inteira? Com números, números... Só sonho com eles. Não com mulheres, não com pessoas, só com números. Penso em números, sonho em números... e aquele idiota aparece e me diz: 'O senhor não conhece números'".

Já em casa, pediu à esposa: "Conte este troco. Está certo?" Ela contou e respondeu: "Sim, está".

Einstein exclamou: "Meu Deus! Então o cobrador tinha razão, talvez eu não conheça mesmo números! Pode ser que só consiga lidar com números imensos; os pequenos sumiram completamente do meu cérebro".

O cientista costuma perder o senso comum. O mesmo acontece com o filósofo. A contemplação é mais ampla, mas se atém ainda a um só objeto. Por exemplo, uma noite Sócrates estava pensando em alguma coisa – nunca se soube que coisa fosse essa –, de pé, ao lado de uma árvore. E ficou tão absorvido em sua contemplação que nem percebeu que a neve caía: foram encontrá-lo na manhã seguinte quase congelado. Estava com neve até os joelhos e conservava os olhos fechados. Podia morrer a qualquer minuto; até seu sangue devia estar começando a congelar.

Foi levado para casa. Massagearam-no, deram-lhe álcool e conseguiram de algum modo trazê-lo de volta à consciência. Perguntaram-lhe então: "O que estava fazendo lá fora, ao relento?"

Sócrates respondeu: "Eu não sabia se estava de pé ou sentado. Não sabia onde me encontrava. O assunto era tão absorvente que me envolvi todo nele. Não percebi a neve cair nem a noite passar. Teria morrido, mas sem recuperar a consciência porque o assunto era, de fato, muito absorvente. Ainda não completara a teoria quando vocês me despertaram. E agora não sei se conseguirei retomar o fio da meada e completá-la".

É como se a pessoa dormisse e alguém a acordasse. Ela não vai conseguir retomar o sonho apenas fechando os olhos e tentando dormir de novo. É muito difícil voltar ao mesmo sonho.

A contemplação é uma espécie de sonho lógico. Uma coisa muito rara. A filosofia, contudo, depende da contemplação. A filosofia pode recorrer à concentração para finalidades específicas, para apoiar a contemplação. Se alguns de seus fragmentos precisam de um esforço mais concentrado, a concentração pode ser usada; não há nenhum problema nisso. A filosofia é basicamente contemplação, mas pode de vez em quando empregar a concentração como ferramenta, como instrumento.

A religião, porém, não pode recorrer à concentração; nem à contemplação, pois não se ocupa de objeto algum. Não importa que o objeto esteja no mundo exterior ou na mente (um pensamento, uma teoria, uma filosofia): é sempre um objeto.

A religião se ocupa daquele que se concentra, daquele que contempla.

Quem é ele?

Ora, vocês não podem se concentrar nisso.

Quem irá se concentrar nisso... se isso são vocês?

Não podem contemplar porque vocês é que estarão contemplando. A pessoa não pode se dividir em duas partes e colocar uma delas diante de sua mente para que a outra a contemple. Não é possível dividir nossa consciência pelo meio. E ainda que fosse (só para argumentar admitirei essa possibilidade), a parte que contemplasse a outra seríamos nós; a outra, não.

A outra nunca somos nós.

Ou seja: o objeto nunca é o sujeito.

Nós somos, irredutivelmente, o sujeito.

Não há como transformar o sujeito em objeto.

O espelho pode nos refletir, pode refletir qualquer coisa no mundo, mas não pode refletir a si mesmo. Não é possível colocar esse espelho diante dele próprio – no momento em que isso fosse feito, o espelho já não estaria ali. O espelho não pode se espelhar. A consciência lembra exatamente o espelho. Podemos usá-la como concentração para um objeto. Podemos usá-la como contemplação para um assunto.

A palavra inglesa *meditation* [meditação] também não é correta, mas, à falta de uma melhor, teremos de usá-la. *Dhyana* é aceita aqui como o foi na China, no Japão – porque a situação era a mesma nesses países. Quando, há 2 mil anos, monges budistas penetraram na China, tentaram de todos os modos achar um termo que traduzisse sua palavra *jhana*.

Gautama, o Buda, jamais usou o sânscrito; usou a língua do povo, o páli. O sânscrito era a língua dos sacerdotes, dos brahmins – e um dos ensinamentos fundamentais do Buda era que o sacerdócio devia ser banido. Ninguém precisava de sacerdotes.

O homem pode se conectar diretamente com a existência.

Não tem necessidade alguma de intermediários.

Na verdade, com intermediários, o contato é impossível.

Isso é muito fácil de entender: vocês não podem amar suas namoradas ou seus namorados por intermédio de um representante. Não podem dizer a alguém: "Vou lhe dar dez dólares para você ir e amar minha esposa em meu nome". Um empregado não pode fazer isso, ninguém pode fazer isso em seu nome; só vocês podem fazê-lo. O amor não pode ser exercido em seu nome por um representante, do contrário os ricos não precisariam se envolver nesses assuntos complicados. Eles têm muitos funcionários, muito dinheiro, mandariam então alguém em seu lugar. Encontram bons funcionários com a maior facilidade; por que iriam ter trabalho? Mas o fato é que certas coisas nós mesmos é que precisamos fazer. Um empregado não pode dormir por nós, nós não podemos comer por intermédio de um empregado.

Um sacerdote – que não passa, afinal, de um empregado – iria então nos pôr em contato com a existência, com Deus, com a natureza, com a verdade? Na última mensagem do papa ao mundo, tentar um contato direto com Deus é pecado. Pecado!

O católico deve entrar em contato com Deus por intermédio de um padre devidamente iniciado. Tudo tem de ser feito pelos canais próprios. Há uma hierarquia, uma burocracia; não se pode passar por cima do bispo, do papa, do padre. Se vocês fizerem isso, entrarão diretamente na casa do Senhor, o que não é permitido; é pecado.

Fiquei muito surpreso ao saber que o atual papa polonês teve a coragem de chamar isso de pecado, de dizer que o homem não possui o direito inalienável de fazer contato com a existência ou a verdade: para isso também ele precisa de um representante! Mas quem decidirá qual é o representante certo? Há no mundo umas trezentas religiões e todas dispõem de sua burocracia, de seus canais próprios; todas dizem também que as outras duzentas e noventa e nove são falsas!

O sacerdócio só pode existir quando se faz necessário. Não é necessário de modo algum, mas se impõe como absolutamente inevitável.

O papa polonês está viajando de novo. Ontem, vi a foto dele em um país católico. Beijou a terra. Os jornalistas lhe perguntaram:

PARTE 2 – MEDITAÇÃO: UM TRAMPOLIM PARA O SER

"Que achou das boas-vindas?"

Ele respondeu: "Cordiais, mas não calorosas".

O que esse homem esperava? Não ficou satisfeito com uma acolhida cordial, queria uma acolhida calorosa. E se ele disse que a recepção foi "cordial", podem crer que foi na verdade morna – o papa procurou exagerá-la ao máximo, transformar o morno em cordial. Mas o que queria ele? Cachorros-quentes? Com cachorros-quentes a recepção seria calorosa? Uma recepção cordial já basta. Mas eu sei o que aconteceu; as boas-vindas foram mornas ou mesmo frias.

Este ano, o papa convocará um sínodo – o senado católico. Todos os bispos e cardeais do mundo católico se reunirão para decidir alguns assuntos urgentes. Tais assuntos, podem estar certos de que serão: o controle da natalidade é pecado, o aborto é pecado; e é pecado também este que nunca foi mencionado antes: esforçar-se para fazer contato direto com Deus.

Essa tese, o papa apresentará ao sínodo. Uma vez aprovada, ela se tornará doutrina, quase tão sagrada quanto a Bíblia. Sim, caso o sínodo a aprove por unanimidade, é esse o *status* que ela terá. E será aprovada porque nenhum padre, nenhum cardeal ousará dizer que ela é falsa. Ficarão muito felizes pelo fato de o papa ter uma mente tão original – nem Jesus se apercebeu da verdade que ele propõe!

Quando eu soube que todo esforço para entrar em contato direto com Deus é pecado, lembrei-me de Moisés. Foi um contato direto: não houve mediador, ninguém mais estava presente. Nenhuma testemunha o viu encontrar-se com Deus na sarça ardente. Ele cometeu um grave pecado, segundo o papa polonês.

Quem foi o representante de Jesus? Era necessário um. Jesus também tentava entrar em contato direto com Deus, orando. Não pedia que outros orassem por ele, orava ele próprio! E não era bispo, nem cardeal, nem papa; Moisés também não era papa, nem cardeal, nem bispo.

Os dois foram pecadores segundo o papa polonês. E o sínodo confirmará sua tese – posso dizer isso de antemão – porque, no mundo inteiro, o sacerdócio está numa situação melindrosa.

Em verdade, é nosso direito de nascença inquirir sobre a existência, sobre a vida, sobre tudo.

A contemplação é teórica, vocês podem continuar teorizando... Mas ela leva embora seu senso comum. Immanuel Kant, por exemplo, foi um dos maiores filósofos que o mundo conheceu. Morou a vida inteira numa única cidade porque qualquer mudança perturbaria sua contemplação. Nada de novas casas, pessoas novas... Tudo devia permanecer exatamente o mesmo para que ele continuasse contemplando com total liberdade.

Kant nunca se casou. A uma mulher que queria ser sua esposa, disse: "Preciso pensar no assunto". Essa talvez tenha sido a única proposta do gênero que se conhece, pois em geral quem corteja é o homem. A mulher esperou muito tempo e, quando percebeu que Kant não se dava por achado, ela própria o procurou. E o que respondeu ele? Que iria pensar. Ponderou, durante três anos, todos os pontos favoráveis e desfavoráveis ao casamento, mas o problema é que esses pontos eram iguais, se equilibravam, se cancelavam mutuamente.

Assim, decorridos os três anos, ele bateu à porta da casa da mulher para dizer: "Acho difícil chegar a uma conclusão porque os dois lados são igualmente válidos, têm o mesmo peso e eu não costumo decidir nada antes de encontrar uma alternativa mais lógica, mais científica, mais filosófica que a outra. Perdoe-me, pois, e case-se com quem quiser".

Foi o pai quem abriu a porta. Kant pediu para falar com a moça. "Você chegou tarde demais", disse o homem, "ela se casou e até já tem um filho. Filósofos! Só depois de três anos você vem aqui dar a resposta?"

Kant replicou: "Bem, de qualquer maneira essa resposta não seria sim. Entretanto, o senhor pode comunicar à sua filha minha incapacidade de decidir. Tentei, mas devo ser honesto: não posso me enganar acolhendo unicamente as razões favoráveis e descartando as desfavoráveis. Não posso me iludir".

Kant se dirigia à universidade para lecionar exatamente na mesma hora, todos os dias. As pessoas acertavam seus relógios ao vê-lo passar; não se atrasava nem se adiantava um segundo, parecia um ponteiro de relógio. Seu criado nunca dizia: "Patrão, o café da manhã está servido" ou "Patrão, o almoço está servido", mas "Patrão, são sete e trinta" ou "Patrão, são doze e trinta". Só havia necessidade de dizer as horas.

Tudo tinha hora marcada. Kant ficou tão absorvido na filosofia que se tornou dependente – quase um criado de seu criado porque este sempre o ameaçava, dizendo: "Vou embora". Sabia que o patrão não poderia deixá-lo ir. Mas, certa vez, Kant desabafou: "Então vá. Está se achando importante demais. Julga que não posso viver sem você ou encontrar outro criado?"

O homem desafiou: "Pois tente".

Mas com o novo criado nada funcionou porque ele não fazia ideia de que as horas é que deviam ser anunciadas. "Patrão, o almoço está servido" – isso bastava para perturbar o filósofo. Kant devia ser despertado às cinco horas da manhã e as instruções ao criado eram: "Ainda que eu lhe bata, grite ou ordene 'Suma-se, quero dormir!', não saia. Se você é que tiver de me bater, bata, mas tire-me da cama.

Cinco horas significam cinco horas; se eu pular mais tarde da cama, a culpa será sua. Tem toda a liberdade para fazer o que quiser. Não ligue se eu der a desculpa de que está muito frio e quero dormir mais. Isso é momentâneo, não me leve a sério. Siga o relógio e minhas ordens, não ouça o que eu murmurar meio adormecido. Poderei dizer: 'Saia! Já vou me levantar'. Não saia. Tire-me da cama às cinco horas".

O criado antigo lhe batia para forçá-lo a se levantar. Ora, um criado novo não poderia bater no patrão; as próprias ordens pareciam absurdas. "Se o senhor quiser dormir, durma; se quiser se levantar, levante-se. Posso acordá-lo às cinco horas, mas é estranha essa história de precisarmos brigar". Assim, nenhum criado ficou. Kant teve de procurar o antigo e pedir-lhe: "Volte. Mas não morra antes de mim, do contrário terei de cometer suicídio". Toda vez que isso acontecia, o homem pedia aumento de salário. E assim foi.

Certa feita, quando Kant ia para a universidade, começou a chover e um de seus sapatos ficou preso na lama. Deixou-o ali, pois, se tentasse tirá-lo, chegaria alguns segundos atrasado e isso não era possível. Entrou na classe com um sapato só. Os alunos olharam para ele e perguntaram: "Que aconteceu, professor?" Kant explicou: "Um de meus sapatos ficou atolado na lama, mas eu não podia me atrasar, já que muita gente acerta seus relógios por mim. O sapato não é muito importante. Na volta, pego-o, pois quem haveria de roubar um sapato só?"

Aí está: pessoas assim perdem completamente o senso comum; vivem num mundo diferente. Kant, em se tratando da esfera teórica, era um raciocinador de mão cheia; não se consegue encontrar uma falha em sua lógica. Mas, na esfera da vida... não passava de um insensato. Alguém comprou a casa vizinha e ele ficou doente, muito doente. Os médicos não descobriam o problema porque Kant não parecia ter doença alguma e, no entanto, estava à beira da morte – sem razão aparente.

Um de seus amigos esclareceu: "Não há nenhum problema. Pelo que vejo, a casa vizinha foi adquirida por alguém que plantou árvores, obscurecendo sua janela. E é absolutamente necessário que você se poste à janela na hora do crepúsculo para admirar o sol se pondo. Mas agora as árvores, crescendo muito, bloquearam a janela. É essa a causa da doença, não há outra: seu horário foi perturbado e perturbada ficou toda a sua vida".

Kant se ergueu e disse: "Suspeitei também de que algo estava errado. Por que me sinto mal, quase morrendo, se os médicos afirmam que não tenho nada? Você está certo, são aquelas árvores: desde que cresceram, não vi mais o crepúsculo. Perdi alguma coisa, mas não sabia qual". Os vizinhos foram chamados e se prontificaram a ajudar. Um grande filósofo não deveria morrer por causa de umas árvores... Cortaram-nas e, no dia seguinte, Kant se levantou perfeitamente bem. Seu horário, sua agenda [*schedule*]... ou seria *skedule*? Não sei qual é a pronúncia certa aqui.

Conheci a primeira garota americana por volta de 1960. Ela me perguntou: "Qual é a sua *skedule*?"

Exclamei: "Meu Deus! O que vem a ser *skedule*?" Na Inglaterra e na Índia dizemos *shedule*. Eu não sabia se *skedule* tinha algo a ver com *schedule*.

Ela prosseguiu: "Não entende o que estou dizendo?"

"Nunca ouvi essa palavra", confessei. "Por favor, explique-me o que você quer dizer de outra maneira, usando outro termo". Seria melhor do que me deixar dizendo *shedule*.

PARTE 2 – MEDITAÇÃO: UM TRAMPOLIM PARA O SER

A agenda de Kant fora perturbada. Antes, ele era absolutamente livre para contemplar. Queria ser um robô, de modo que sua mente ficasse livre de preocupações corriqueiras.

Mas religião não é contemplação.

Não é concentração.

É meditação.

Contudo, meditação deve ser entendida como *dhyana*, do contrário fornecerá uma noção errônea. Primeiro, tentem captar o que a palavra significa em sua própria língua, pois, sempre que vocês dizem "meditação", alguém pergunta: "Sobre o quê? Sobre o quê você está meditando?" É necessário haver um objeto: o vocábulo já implica a existência de um objeto: beleza, verdade, Deus. Se vocês disserem simplesmente "Estou meditando", a frase ficará incompleta em sua língua. Precisarão acrescentar o tema de sua meditação. E aí é que está o problema.

Dhyana significa "eu estou em meditação" e não "meditar". Se nos aproximarmos ainda mais da acepção original, teremos "eu sou meditação" – é esse o real significado de *dhyana*. Assim, não conseguindo encontrar uma palavra adequada, os chineses pediram emprestado um termo budista, *jhana*. O Buda usava *jhana*, que é a versão páli de *dhyana*.

O Buda adotou a língua popular como parte de sua revolução. Explicou: "A religião precisa usar a língua comum para que o sacerdócio possa ser abolido. Não há necessidade de sacerdotes. As pessoas entendem suas escrituras, entendem seus sutras, sabem o que fazem. Nada de padres".

O sacerdote se torna necessário porque usa uma língua que os fiéis desconhecem. Insiste em que o sânscrito é a língua divina e nem todos têm permissão de lê-la. Trata-se de um idioma especial, como o dos médicos. Vocês já se perguntaram por que os médicos continuam prescrevendo em termos latinos e gregos? Que tolice é essa? Eles não sabem nem grego nem latim, mas os nomes de seus remédios são sempre nessas línguas. É o mesmo truque usado pelos sacerdotes.

Se eles rabiscarem suas receitas na língua comum, não poderão cobrar tanto quanto cobram, pois os clientes resmungarão: "Esta receita... você está me cobrando 20 dólares por ela?" Também o farmacêutico não poderá cobrar muito, já que os clientes adquiririam os mesmos produtos no mercado por um dólar e ele quer 50. Mas em latim ou grego os clientes não sabem do que se trata. Se o médico escrever "cebola", vocês gritarão: "Está brincando?" Mas se a palavra for traduzida para o grego ou o latim, vocês ficarão quietos; só os profissionais sabem o que é aquilo.

Os garranchos deles também são importantes. Escrevem para vocês não entenderem. Se vocês entendessem, consultariam o dicionário e descobririam a farsa. A receita tem de ser ilegível para que os clientes fiquem no ar. Na verdade, muitas vezes o farmacêutico não consegue decifrar os garranchos do médico, mas tem de dar ao cliente alguma coisa para não revelar sua ignorância.

Eis um fato verídico. Um homem recebeu uma carta de seu médico de família, um convite para a festa de casamento da filha. Mas o médico escreveu à sua maneira, pela força do hábito, e o homem não conseguiu entender nada. Então teve uma ideia: "Vou procurar o farmacêutico, pois pode ser algo importante. Se procurar o próprio médico, ele talvez ache que sou analfabeto. Sim, é o melhor que tenho a fazer".

Foi ao farmacêutico e mostrou-lhe a carta. O farmacêutico desapareceu com o papel na mão e logo depois voltou com dois frascos. O homem disse: "Mas o que está fazendo, isto não é uma receita, é uma carta!"

"Uma carta? Meu Deus!" Ele confundira o noivo e a noiva com dois frascos; preparara então uma mistura qualquer e a trouxera ao cliente.

O Buda se revoltou contra o sânscrito e adotou o páli. Em páli, *dhyana* é *jhana*. A palavra penetrou na China e se tornou *chan*. Os chineses não tinham um termo adequado e adotaram esse; mas, como a pronúncia pode mudar conforme a língua, ele se tornou *chan*. No Japão, transformou-se em *zen*. Mas é a mesma palavra, *dhyana*. Nós aqui usamos "meditação" no sentido de *dhyana* – não se trata, pois, de um assunto sobre o qual se medita.

Trata-se de algo entre concentração e contemplação. A concentração tem um foco; a contemplação tem um âmbito maior e a meditação é um fragmento desse âmbito. Quando contemplamos determinado assunto, existem algumas coisas que merecem mais atenção: então, meditamos. É o que vocês entendem por meditação em sua língua: concentração e contemplação são dois polos; a meditação incide exatamente no meio. Mas não estamos empregando a palavra no sentido que ela tem em sua língua, estamos lhe dando uma acepção inteiramente nova. Vou lhes contar uma história de que gosto muito e que esclarecerá o significado de meditação.

Três homens saíram para uma caminhada matinal. Avistando um monge budista de pé numa colina e não tendo mais o que fazer, começaram a discutir sobre o que aquele sujeito estaria fazendo ali. Um disse: "Pelo que vejo daqui, espera alguém. Talvez um amigo tenha ficado para trás e ele parou para esperá-lo".

O segundo homem disse: "Reparando bem, não posso concordar com você. Quando uma pessoa espera um amigo que ficou para trás, de vez em quando se vira a fim de ver se ele está vindo e se ainda precisará esperar muito. Mas o sujeito não se vira nunca, está apenas parado ali. Não, não acho que espere alguém. Em minha opinião, esses monges budistas são donos de vacas". No Japão, os monges possuem uma vaca que lhes dá o leite do desjejum, para não precisarem sair mendigando, logo às primeiras horas, uma xícara de chá. E os monges zen bebem pelo menos cinco, seis xícaras de chá por dia. Essa é quase uma

PARTE 2 – MEDITAÇÃO: UM TRAMPOLIM PARA O SER

prática religiosa: ela os mantém despertos, atentos e mais conscientes. Eis o motivo de terem uma vaca no mosteiro.

O segundo homem concluiu: "Creio que sua vaca se desgarrou para pastar e ele agora a procura".

O terceiro homem disse: "Discordo de você. Quando alguém procura uma vaca, não fica parado como uma estátua. Anda de cá para lá, perscrutando. O sujeito nem sequer vira o rosto para os lados. Até fechou os olhos".

Aproximando-se do monge, puderam vê-lo melhor. Então o terceiro homem disse: "Vocês erraram. Ele está meditando. Mas como decidir qual de nós acertou?"

"Não há problema", ponderaram os outros. "Estamos perto, vamos lhe perguntar."

O primeiro homem perguntou ao monge: "Você está esperando alguém que ficou para trás?"

O monge budista abriu os olhos e respondeu: "Esperando? Nunca espero nada. Esperar seja lá o que for é contrário à minha religião".

O homem exclamou: "Certo! Não está esperando alguém. Então está esperando alguma coisa".

O monge respondeu: "Minha religião ensina que não podemos estar seguros sequer do próximo segundo. Por que eu esperaria alguma coisa? Qual é o tempo para esperar? Não, não espero nada".

O homem insistiu: "Não falemos mais em esperar alguém ou alguma coisa. Não conheço bem sua língua. Apenas me diga: deixou algum amigo para trás?"

O monge respondeu: "Dá na mesma. Não tenho amigos nem inimigos no mundo, pois essas duas coisas surgem juntas. Não se pode ter uma e descartar a outra. Não veem que sou um monge budista? Não tenho nenhum inimigo, não tenho nenhum amigo. E, por favor, vão embora, não me perturbem mais".

O segundo homem pensou: "É a minha oportunidade". E disse: "Foi exatamente o que eu expliquei a ele. 'O que você falou é absurdo. Aquele é um monge budista, que não espera nada nem ninguém, não possui amigos nem inimigos'. Você tem razão. Creio que sua vaca se perdeu".

O monge retrucou: "Você é ainda mais tolo que o primeiro. Minha vaca? Um monge budista não possui nada. Iria eu então cuidar da vaca de outro? Não, não possuo vaca alguma".

O homem ficou embaraçado. Que faria?

O terceiro pensou: "Não, o certo é o que eu disse". E, dirigindo-se ao monge: "Vejo que está meditando".

O monge replicou: "Que absurdo! A meditação não é um ato. A pessoa não medita, a pessoa é a meditação. Para lhes dizer a verdade e evitar que vocês fiquem confusos, eu não estou fazendo nada. Estou aqui de pé, só isso: alguma objeção?" Eles responderam: "Não, nenhuma. Apenas, o que disse não faz sentido para nós: ficar de pé sem fazer nada".

"Mas", retrucou o monge, "a meditação é justamente isto: ficar parado e não fazer nada nem com o corpo nem com a mente."

Se fizermos alguma coisa, entraremos na contemplação, na concentração ou na ação, mas sairemos do nosso centro. Quando não fazemos absolutamente nada com o corpo ou a mente, em todos os níveis, quando toda atividade cessa e nós simplesmente somos, isso é meditação. Não se pode fazer meditação, praticar meditação; só se pode entendê-la.

Se vocês encontrarem algum tempo para apenas ser, renunciem ao fazer. O pensamento também é ato, tanto quanto a concentração e a contemplação. Se, por um único instante, vocês não fizerem nada e estiverem apenas em seu centro, totalmente relaxados, isso será meditação. Com a experiência, poderão permanecer nesse estado por quanto tempo quiserem, até pelas 24 horas do dia.

Depois que tomarem consciência do modo como seu ser pode permanecer imperturbável, então, aos poucos, começarão a fazer coisas, mas sempre preservando a tranquilidade do seu ser. Essa é a segunda parte da meditação. Primeiro, aprendam a ser; depois, pratiquem pequenas ações como varrer o chão ou tomar banho sem, no entanto, deixar de permanecer centrados. Em seguida, poderão fazer coisas mais complicadas.

Por exemplo, eu estou aqui falando com vocês, mas minha meditação não foi interrompida. Posso continuar falando, mas em meu centro nada se agita: ele está em silêncio, em quietude absoluta.

Portanto, a meditação não exclui a ação.

Não é necessário fugirmos da vida.

A meditação apenas nos ensina uma nova maneira de viver: tornamo-nos o centro de um ciclone.

Nossa vida continua, continua até com mais intensidade – mais alegria, mais lucidez, mais visão, mais criatividade –, enquanto nós permanecemos a distância, meros observadores nas colinas vendo o que acontece em derredor.

Não fazemos, observamos.

Este é todo o segredo da meditação: observar. Não deixamos de fazer: cortamos lenha, tiramos água do poço. Podemos fazer todas as coisas pequenas e grandes, menos uma, que é perder o nosso centro.

Essa percepção, essa observação tem de permanecer absolutamente clara, imperturbável.

A meditação é um fenômeno muito simples.

Já a concentração é complicada porque precisamos nos forçar e isso se torna cansativo. A concentração é um pouco melhor devido ao espaço restrito em que nos movemos. Nela, não nos metemos num buraco apertado, que vai se estreitando cada vez mais.

Temos, na concentração, uma visão de túnel. Vocês já olharam por um túnel? De um lado, ele parece grande; mas, quando tem um quilômetro de comprimento, o outro lado não passa de uma pequena luz redonda. Quanto mais comprido o túnel, menor o outro lado. Precisamos enfocar – e enfocar é sempre um ato tenso.

A concentração não é um exercício natural da mente.

A mente é errante, gosta de se mover de um lugar para outro e sempre se impressiona com o novo.

Na concentração, a mente está como que aprisionada.

Durante a Segunda Guerra Mundial, não sei por que, começaram a chamar os lugares onde os prisioneiros eram mantidos de "campos de concentração". Queriam dizer com isso que concentravam ali prisioneiros de todos os tipos. Mas a concentração é, na verdade, o ato de reunir todas as energias do corpo e da mente e colocá-las num buraco estreito. Isso cansa. A contemplação dispõe de mais espaço para a movimentação, mas esse espaço não é aberto, tem seus limites.

A meditação, segundo o meu ponto de vista e o de minha religião, dispõe de um espaço sem fim, da totalidade da existência. Somos os observadores, podemos observar a cena inteira. Não precisamos fazer esforço algum para nos concentrarmos num objeto nem para contemplarmos seja o que for. Não fazemos nada, apenas observamos, apenas ficamos alerta. É habilidade, não ciência, arte ou técnica; habilidade, pura e simplesmente.

Vocês precisam apenas refletir sobre isso. Sentados no banheiro, brinquem com a ideia de não estarem fazendo coisa alguma. Um dia, ficarão surpresos: brincaram com a ideia e ela aconteceu – porque está em sua natureza. O momento certo... bem, o momento certo nunca sabemos; nunca sabemos quando chegará a oportunidade, mas continuamos brincando.

Henry Ford disse uma vez: "Meu sucesso se deve unicamente ao fato de eu aproveitar a oportunidade certa no momento certo. As pessoas vivem sonhando com oportunidades futuras, que não podem agarrar, ou com oportunidades passadas. Quando estas se foram e viraram poeira, só então percebem que as perderam".

Alguém perguntou: "Mas se você não pensa em oportunidades futuras ou passadas, como consegue, de repente, agarrar a que aparece? Não precisa estar sempre pronto?"

Ford respondeu: "Pronto, não; pulando. Você nunca sabe quando a oportunidade virá; mas, quando vier, pule sobre ela!"

O que Henry Ford disse faz muito sentido: "Fique pulando, apenas isso. Não espere, não queira saber se a oportunidade está à sua frente ou não: pule. Ninguém sabe quando a oportunidade virá; quando vier, pule sobre ela e pronto. Não olhe para o futuro, perguntando-se 'Quando a oportunidade virá?'. O futuro é insondável. Se esperar, pensando 'Quando a oportunidade aparecer, vou agarrá-la', ao tomar consciência de que ela apareceu ela já se foi. Ficará somente o pó. O tempo voa e voa rápido. Esqueça então as oportunidades; aprenda a pular e, quando elas surgirem..."

É o que lhes digo: continuem brincando com a ideia. Uso a palavra "brincar" porque não sou uma pessoa séria, minha religião não é séria. Continuem brincando – vocês têm tempo de sobra.

A qualquer momento – por exemplo, deitados na cama quando o sono não vem, brinquem com a ideia. Não se preocupem com o sono. Ele virá quando tiver de vir. Vocês não podem fazer nada para apressá-lo; isso não depende de vocês, portanto não se preocupem. Esqueçam aquilo que não está em seu poder. O momento, sim, está em seu poder; por que não usá-lo? Deitados na cama numa noite fria, sob um cobertor aconchegante, no maior conforto – brinquem com a ideia. Não precisam se sentar na posição do lótus. Para meditar, ninguém precisa se torturar de nenhuma forma.

Se gostarem da posição do lótus, ótimo; adotem-na. Mas os ocidentais que vão à Índia levam seis meses para aprender essa postura, que é para eles um grande incômodo. Acham que, por tê-la aprendido, ganharam alguma coisa. A Índia inteira sempre se sentou na posição do lótus – e ninguém ali nunca ganhou nada por isso. É apenas a sua maneira de se sentar. Num país frio as pessoas precisam de cadeiras, não podem se sentar no chão; num país quente, quem quer saber de cadeiras? As pessoas se sentam em qualquer lugar.

Nenhuma postura especial é necessária; não é necessário nenhum momento especial. Muita gente pensa que existe um momento especial. Não para a meditação; para ela, qualquer hora é hora – basta relaxar e brincar. Se a meditação não acontecer, pouco importa; não fiquem decepcionados... Não estou lhes dizendo que ela acontecerá hoje, amanhã, dentro de três ou seis meses. Não estou alimentando em vocês nenhuma expectativa, para não colocar tensão em suas mentes. A meditação pode acontecer ou não acontecer: tudo depende de quão brincalhões vocês sejam.

Brinquem: no banheiro, sem nada para fazer, por que não brincar? Debaixo do chuveiro, ninguém faz nada; o chuveiro faz tudo. Vocês apenas estão lá, de pé; durante esses momentos, brinquem. Andar na rua é trabalho para o corpo; vocês não precisam participar, as pernas andam por si. Quando, a qualquer momento, se sentirem relaxados, livres de tensão, brinquem com a ideia da meditação do jeito que lhes expliquei. É suficiente que permaneçam em silêncio, centrados em vocês mesmos. Então, um belo dia... Os dias são sete; portanto, não se preocupem.

Na segunda-feira, na terça-feira, na quarta-feira, na quinta-feira, na sexta-feira, no sábado ou no domingo – algum dia a meditação acontecerá. Apenas se divirtam com a ideia quantas vezes puderem. Se nada acontecer – e não estou lhes prometendo que acontecerá –, tudo bem, pelo menos vocês se divertiram. Brincaram com a ideia, deram-lhe uma chance.

Continuem dando-lhe essa chance. Henry Ford recomendou: "Fiquem pulando. E quando a oportunidade surgir, pulem sobre ela". Eu digo o contrário: deem uma chance à meditação porque, quando chegar a hora certa e vocês estiverem relaxados, acessíveis, a meditação pulará sobre vocês.

Depois disso, ela não os deixará mais.

Seria impossível.

Portanto, pensem duas vezes antes de começar a brincar!

(Extraído de Misery to Enlightenment, Capítulo 2)

PARTE 3

A CONSCIÊNCIA

É O SEGREDO

O inconsciente só pode ser transformado pelo consciente. Isso é difícil, mas não há outro jeito. Existem inúmeros métodos que nos ensinam a ficar conscientes, mas, para isso, a consciência é necessária. Vocês poderão usar métodos para ficar conscientes, mas antes devem estar conscientes.

Se alguém perguntar se existe outro método para dispersar a escuridão exceto a luz, responderemos que não, que esse é o único, por mais difícil que seja – pois a escuridão é apenas a ausência de luz. Portanto, temos de criar a presença da luz: depois, a escuridão desaparecerá.

Inconsciência é ausência: ausência de consciência. Não é algo positivo em si mesmo, de modo que só nos resta permanecer conscientes. Se a inconsciência fosse algo positivo em si mesmo, o caso seria outro – mas não é. A inconsciência não é uma coisa: é apenas não consciência. Ausência. Não tem existência própria, não é nada em si mesma. A palavra "inconsciente" indica ausência de consciência, só isso. Quando dizemos "escuridão", o termo é enganoso porque, no momento em que o proferimos, a escuridão parece uma coisa que está presente. Não está, de modo que não podemos fazer coisa alguma com a escuridão diretamente – ou podemos?

Vocês talvez nunca pensaram nisto, mas não podemos fazer nada com a escuridão diretamente. O que quer que desejemos fazer com a escuridão, teremos de fazer com a luz, não com a própria escuridão. Se quisermos escuridão, desliguemos a luz. Se não quisermos escuridão, acendamos a luz. Mas, diretamente, não podemos fazer nada com a escuridão: temos de recorrer à luz.

E por que não podemos fazer nada com a escuridão diretamente? Porque a escuridão não existe. Como, pois, iríamos tocá-la? Só após fazer alguma coisa com a luz é que poderemos fazer alguma coisa com a escuridão.

Se a luz estiver presente, a escuridão não estará. A escuridão só estará se a luz não estiver. Podemos trazer luz a um quarto, mas não escuridão. Podemos tirar a luz do quarto, mas a escuridão nunca tiraremos. Não há conexão entre nós e a escuridão. Por quê? Se a escuridão existisse, o homem poderia ter algum vínculo com ela; mas a escuridão não existe.

A língua nos dá a falaciosa impressão de que a escuridão é alguma coisa. Escuridão é um termo negativo. Não possui existência. Apenas conota que a luz não está presente, nada mais, e o mesmo ocorre com a inconsciência. Portanto, se vocês perguntarem o que poderão fazer exceto ficar conscientes, estarão fazendo uma pergunta irrelevante. Temos de estar conscientes; é só o que podemos fazer.

PARTE 3 – A CONSCIÊNCIA É O SEGREDO

Sem dúvida, existem muitos métodos que nos ensinam a permanecer conscientes; isso, porém, é outra história. Há muitas maneiras de criar luz, mas a luz precisa ser criada. Vocês podem acender uma fogueira e, assim, não haverá escuridão. Podem usar um lampião de querosene e não haverá escuridão; usar uma lâmpada elétrica e não haverá escuridão. Mas, qualquer que seja o método de produzir luz, esta tem de ser produzida.

A luz é uma necessidade – e tudo o que eu disser sobre esse assunto se referirá a métodos de produzir consciência. Eles não são alternativas, lembrem-se; não são alternativas à consciência porque alternativas não existem. A consciência é a única maneira de dispersar a escuridão e a consciência. Mas como criá-la? O melhor método consiste em perceber, no íntimo, o que acontece na linha divisória entre o inconsciente e o consciente – ou seja, ter consciência do que se passa ali.

A cólera está ali: é um produto da escuridão. A cólera deita raízes no inconsciente; somente os galhos e as folhas ascendem ao consciente. As raízes, as sementes, as fontes de energia da cólera se acham no inconsciente. Nós só notamos os galhos afastados. Tomem consciência desses galhos – quanto mais conscientes vocês estiverem, mais capacidade terão de ver no escuro.

Já repararam que, quando ficam de olhos abertos no escuro por algum tempo, uma luzinha tênue começa a surgir? Se vocês se concentrarem na escuridão, começarão a senti-la e a vê-la. Com a prática, perceberão que no próprio escuro existe alguma luz – pois, neste mundo, nada é absoluto. Tudo é relativo. Quando dizemos "escuridão", isso não significa escuridão absoluta, significa apenas menor quantidade de luz. Se vocês se adestrarem para ver no escuro, aprenderão o que é ver realmente. Olhem, focalizem a escuridão; pouco a pouco seus olhos, fortalecidos, começarão a ver.

Escuridão interior, inconsciência – é tudo a mesma coisa. Olhem para elas; mas só poderão olhar se não estiverem ativos. Se agirem, sua mente se desgarrará. Não ajam interiormente. A cólera está lá – não ajam. Não condenem, não aprovem, não aceitem nem recusem. Não façam nada – apenas olhem, observem.

Procurem entender a distinção. O que acontece em geral é o contrário. Se a pessoa está colérica, sua mente se concentra na causa exterior da cólera – sempre! Alguém nos insultou e estamos com raiva. Três coisas acontecem então: a causa exterior da raiva, a fonte interior da raiva e nós entre esses dois extremos. A raiva é nossa energia interior. A causa que provocou a eclosão dessa energia está lá fora. E nós estamos no meio. A mente, por natureza, não toma consciência da fonte, volta-se para a causa exterior. Toda vez que ficamos com raiva, concentramo-nos profundamente na causa exterior.

O mestre jainista Mahavira considerava a raiva uma espécie de meditação. Chamou-a de *roudra dhyan* – meditação sobre atitudes negativas. E é mesmo, porque então nos concentramos;

quando coléricos, ficamos a tal ponto concentrados que o mundo inteiro desaparece e só a causa da cólera permanece em foco. Toda a nossa energia se dirige para a causa da cólera e ficamos tão absortos nela que nos esquecemos de nós mesmos. Por isso, quando enraivecidos, fazemos coisas a respeito das quais dizemos depois: "Foi sem querer". É que *nós* não estávamos lá.

Em se tratando da consciência, vocês precisam dar meia--volta e se concentrar, não na causa exterior, mas na fonte interior. Esqueçam a causa. Fechem os olhos e mergulhem na fonte. Assim, poderão dirigir para dentro a mesma energia que seria desperdiçada fora.

A cólera tem muita energia. Na verdade, *é* energia, a mais pura das chamas interiores. Não a desperdicem canalizando-a para fora.

Vejamos outro exemplo. A pessoa está excitada sexualmente; sexo é energia, fogo. Mas é também concentrar-se em alguém de fora, não na fonte: no amante, na amante, seja em quem for. Quando excitada, a pessoa está sempre concentrada em outra. Está dissipando energia. Não dissipamos energia apenas no ato sexual; no desejo dissipamo-la ainda em maior quantidade, pois o ato é passageiro: vem o clímax, a energia é liberada e a pessoa se relaxa. O desejo, no entanto, pode persistir o tempo todo. Não paramos de liberar, de dissipar energia enquanto dura o desejo. Todos dissipam energia. Noventa por cento dos nossos pensamentos são de

OS SEIS ASPECTOS DA MEDITAÇÃO

natureza sexual. Não importa o que estejamos fazendo exteriormente; por dentro, o sexo é uma preocupação constante, embora não percebamos isso.

Um homem está sentado numa sala e uma mulher entra. A postura do homem muda imediatamente. Sua coluna se endireita, o ritmo da respiração se altera, a pressão sanguínea sobe. Ele talvez não se dê conta do que aconteceu, mas seu corpo inteiro reagiu sexualmente. Era uma pessoa antes de a mulher entrar; agora é outra.

Digamos que, numa sala, se encontre um grupo de homens ou um grupo de mulheres. Se uma fêmea ou um macho entrar, todo o padrão de energia do grupo mudará subitamente. Vocês talvez não notem, mas, quando sua mente está focada em alguém, sua energia começa a fluir.

Quando estiverem excitados sexualmente, olhem para a fonte, não para a causa. Não se esqueçam disso. A ciência se ocupa mais da causa; a consciência, da fonte. A fonte está sempre dentro; a causa está sempre fora. A causa faz com que vocês se envolvam numa reação em cadeia e estejam ligados ao ambiente. A fonte faz com que se liguem a vocês mesmos. Portanto, não se esqueçam: este é o melhor método para transformar energia inconsciente em energia consciente. Deem meia-volta: olhem para dentro! Isso não é fácil porque nosso olhar se habituou a um certo padrão. Somos como uma pessoa que ficou com o pescoço paralisado e não consegue olhar para trás. Nossos olhos se habituaram a olhar para fora durante milênios, ao longo de várias existências, de modo que não sabemos mais como olhar para dentro.

Façam isto: quando algo acontecer em sua mente, siga-o até a fonte. A cólera está lá (um súbito clarão a revelou) – fechem os olhos e meditem a respeito dela. De onde essa cólera está brotando? Nunca perguntem quem foi o responsável por isso acontecer, quem os deixou coléricos, pois seria uma pergunta errada. Perguntem que energia, dentro de vocês, está se transformando em cólera. De onde a cólera está vindo, aflorando? Qual é a fonte interior que está emitindo essa energia?

Vocês já repararam que, num acesso de cólera, fazem coisas que não fariam no estado normal? Uma pessoa colérica pode arremessar facilmente uma pedra grande, que em circunstâncias normais não conseguiria sequer erguer do chão. Temos muita energia quando estamos com raiva, vinda de uma fonte oculta dentro de nós. Por exemplo, quando enlouquece, a pessoa se torna muito forte. Por quê? De onde vem tanta força? Não de fora, é claro. Sucede que todas as suas fontes interiores entram em ebulição ao mesmo tempo – cólera, sexo, tudo arde concomitantemente. Todas as fontes de energia se tornam disponíveis.

Procurem descobrir de onde a cólera está brotando, de onde o desejo sexual está surgindo. Sigam esses impulsos, refaçam o caminho deles. Meditem silenciosamente e desçam às raízes da cólera. Isso é difícil, mas não impossível. E é difícil porque vocês estarão lutando contra um hábito arraigado. O passado inteiro precisa ser revisto e vocês precisam fazer uma coisa nova, que nunca fizeram antes. O peso considerável do hábito é que cria a dificuldade. Mas tentem, pois assim abrirão um novo canal para o fluxo de energia. Vocês se tornarão um círculo e, num círculo, a energia jamais é dissipada.

Se minha energia brotar e for para fora, jamais se tornará um círculo; irá simplesmente se dissipar. Mas se ela se mover para dentro, irá alimentar a si mesma. A meditação reconduz a energia à mesma fonte de onde a raiva eclodiu, obrigando-a a se transformar num círculo. Esse círculo interior é a força de um Buda. A energia sexual, não se transferindo para outra pessoa, retorna à fonte. Esse círculo de energia sexual é a força de um Buda.

Somos fracos não por ter menos energia que um Buda: temos a mesma quantidade, todos nascem com os mesmos quanta de energia, mas estamos acostumados a dispersá-los. A energia simplesmente escapa de nós e não volta mais. Não pode voltar: depois que saiu de nós, foi-se.

Uma palavra me ocorreu e eu a pronunciei; voou para longe. Não a recuperarei mais; a energia que usei para proferi-la, para externá-la, se dissipou. Uma palavra me ocorreu e eu não a pronunciei; permaneci em silêncio. A palavra gira, gira, gira e retorna à fonte original. A energia foi reaproveitada.

Silêncio é energia. Evitar a cólera é energia. Contudo, não há aí supressão, pois suprimir a cólera é gastar energia. Não suprimam – observem e sigam. Não resistam – recuem, levando consigo a cólera. Esse é o melhor método para adquirir consciência.

Os principiantes podem utilizar alguns recursos. Citarei três. Um deles se baseia na consciência corporal. Esqueçam a cólera, esqueçam o sexo; esses impulsos são difíceis de controlar porque, sob seu domínio, a pessoa se torna tão insana que não consegue meditar. Vocês não podem meditar sob o domínio da cólera; não conseguiriam sequer pensar em meditação. Estão insanos. Portanto, esqueçam isso; é difícil. Usem então seu próprio corpo como recurso para obter a consciência.

O Buda recomendou que, quando andarmos, andemos conscientemente. Quando respirarmos, respiremos conscientemente. O método budista é conhecido como *anapanasati yoga* – o yoga da inspiração e da expiração, a percepção da entrada e da saída do ar respirado. O ar entra: movam-se com ele, tomem ciência de que ele está entrando. O ar sai: movam-se com ele. Entrem e saiam com o ar.

A cólera é difícil, o sexo é difícil; mas a respiração não é tão difícil assim. Movimentem-se com a respiração. Não permitam que nenhum ar entre ou saia sem que vocês se apercebam de seu movimento. Isso é meditação. Vocês estão concentrados na respiração e, quando estão concentrados na respiração, os pensamentos cessam automaticamente. Vocês não podem pensar porque, no momento em que pensarem, sua consciência se transferirá da respiração para o pensamento. E a respiração deixará de ser objeto de consciência.

Tentem esse recurso e verão. Quando estamos conscientes da respiração, os pensamentos cessam. A mesma energia usada para pensar passa a ser usada para tomar consciência do ato de respirar. Se vocês começarem a pensar, perderão de vista a respiração; esta será esquecida e vocês só pensarão. Não se pode fazer as duas coisas ao mesmo tempo.

Acompanhar a respiração é um processo demorado. É preciso mergulhar profundamente nele. O aprendizado exige um mínimo de três meses e um máximo de três anos. Praticá-lo continuamente durante as 24 horas do dia... é coisa para monges, para aqueles que renunciaram a tudo. Só eles podem ficar atentando para sua respiração o dia inteiro. Por isso, os monges budistas e de outras tradições limitam sua vida ao máximo, para não serem perturbados. Pedem comida e dormem à sombra de uma árvore – é só o que fazem. Todo o seu tempo é devotado a alguma prática interior que conduza à consciência – como a da respiração, por exemplo.

Um monge budista tem de estar sempre consciente de sua respiração. O silêncio que você percebe em sua face é o silêncio da percepção da respiração e nada mais. Quando a pessoa se torna consciente, seu rosto fica silencioso porque, não havendo pensamentos, ele não revela ansiedade, reflexão. O rosto se relaxa. A percepção contínua da respiração cala a mente. A mente continuamente ocupada se aquieta. E, quando a mente se aquieta e a pessoa apenas toma consciência da respiração,

PARTE 3 – A CONSCIÊNCIA É O SEGREDO

ela não pode ficar encolerizada, não pode ter desejos sexuais, uma vez que sua mente não está funcionando.

Desejo sexual, cólera, cobiça ou ciúme – tudo isso precisa da mente como mecanismo de suporte. Se o mecanismo deixa de funcionar, a pessoa não pode fazer nada. Isso leva de novo ao mesmo ponto a que o primeiro método levou: a energia usada no desejo, na cólera, na cobiça e na ambição não tem por onde sair. A pessoa só se ocupa da respiração, dia e noite. O Buda disse: "Mesmo dormindo, tentem tomar consciência da respiração". Isso pode ser difícil no começo, mas, se vocês ficarem conscientes de dia, aos poucos a consciência irá penetrando em seu sono.

Tudo aquilo que penetrou fundo na mente durante o dia penetra no sono durante a noite. Se você, de dia, ficou preocupado com alguma coisa, ela penetrará em seu sono de noite. Se, acordado, andou pensando muito em sexo, continuará pensando em sexo dormindo. Se sentiu raiva durante o dia, sentirá raiva durante a noite. Por isso o Buda disse que não há aí dificuldade alguma: se a pessoa se ocupar continuamente da respiração e da consciência da respiração, continuará se ocupando da respiração e da consciência da respiração durante o sono. Não sonhará. Não poderá sonhar caso a consciência da entrada e da saída do ar estiver presente.

Se começar a sonhar, essa consciência se desvanecerá. Em presença da consciência, o sonho é impossível. Assim, um monge budista não dorme como vocês. Seu sono possui uma característica diferente. É mais profundo e conserva uma certa porção de consciência.

Ananda disse ao Buda: "Eu o observo há anos e é como se assistisse a um milagre. Você dorme como se estivesse acordado. Permanece na mesma posição a noite inteira". A mão ficava onde fora pousada; a perna continuava na mesma postura de antes. O Buda dormia a noite inteira sem se mexer. Nem um só movimento! Noites e noites, Ananda se sentava ao lado do mestre para observá-lo. "Que tipo de sono é este!", exclamava, maravilhado. O Buda não se movia. Parecia um corpo morto e despertava na mesma postura em que adormecera. Ananda perguntou: "O que fez? Dormiu ou não? Não esboçou um único movimento!"

O Buda respondeu: "Dia virá, Ananda, em que você entenderá isso. Pelo que vejo, não tem praticado corretamente o *anapanasati yoga*, pois, de outro modo, não me faria essa pergunta. Não, não tem praticado o *anapanasati yoga*. Se permanecesse o tempo todo consciente de sua respiração durante o dia, seria impossível que o mesmo não acontecesse durante a noite. Quando a mente se ocupa da consciência, os sonhos não aparecem. E, não havendo sonhos, a mente fica clara, transparente. O corpo dorme, mas a pessoa não dorme. O corpo se descontrai, ela permanece consciente. A chama está lá dentro. Portanto, Ananda", teria dito o Buda, "não durmo, só o corpo dorme. Estou consciente e não dormindo. Você verá, Ananda: quando eu morrer, continuarei consciente, só o corpo morrerá".

Pratiquem a percepção da respiração e serão capazes de penetrar na consciência. Ou então pratiquem a percepção dos movimentos do corpo. O Buda chama a isso "atenção plena". Diz ele: "Caminhem atentamente". Nós caminhamos sem prestar nenhuma atenção ao que estamos fazendo.

Um homem se sentou diante do Buda para ouvi-lo. Movia a perna e o dedão do pé sem necessidade. Não havia motivo para aquilo. O Buda parou de falar e perguntou ao homem: "Por que está mexendo a perna? Por que está mexendo o dedão do pé?" Tão logo o Buda perguntou, ele parou de mexer. O Buda perguntou: "Por que parou de mexer de repente?"

O homem respondeu: "Eu nem percebi que estava movendo minha perna e meu dedo! Não estava consciente disso! Mas, no momento em que você perguntou, tomei consciência".

O Buda disse: "Que absurdo! Sua perna se move e você não sabe? Mas então o que está fazendo com seu corpo? É um homem vivo ou morto? Essa aí é sua perna, esse aí é seu dedo; eles se mexem e você não nota? De que, afinal, tem consciência? Mata alguém e diz 'Eu não fiz isso conscientemente'?" Na verdade, quem mata não está consciente; é difícil matar alguém em plena consciência.

O Buda diria: "Movam-se, andem, mas façam isso conscientemente. Saibam, no íntimo, que estão andando". Não é preciso usar palavras nem pensamentos. Não é preciso dizer interiormente: "Estou andando". Acontece que, se disserem isso, não estarão mais conscientes de andar, estarão conscientes de pensar. Permaneçam somaticamente perceptivos – não mentalmente. Apenas sintam que estão andando. Criem uma percepção somática, uma suscetibilidade, para sentir diretamente sem que a mente interfira.

O vento sopra – sintam-no! Não usem palavras. Apenas sintam e tomem consciência do sentimento. Vocês estão deitados na praia e a areia é fria, muito fria – sintam-na! Não usem palavras, sintam-na apenas. Sintam seu frescor, seu frescor penetrante. Apenas sintam-na! Tomem consciência da areia, sem recorrer a palavras. Não digam: "A areia está muito fria". No momento em que disserem isso, perderão um momento existencial em proveito de um momento puramente intelectual.

Vocês estão com a criatura amada: sintam a presença dela, não usem palavras. Sintam unicamente o afeto, o amor que flui. Sintam a unicidade que se realizou. Não digam: "Eu te amo" – assim, destruirão tudo. A mente entrará no jogo se disserem "Eu te amo" e o sentimento se transformará em lembrança, em passado. Procurem sentir sem falar. O que for sentido sem palavras, sem nenhuma interferência da mente, promoverá a atenção plena.

Vocês estão comendo; comam atentamente, degustem cada bocado com atenção plena. Não usem palavras. O sabor já é, por si só, uma grande coisa. Não usem palavras para destruí-lo. Sintam-no profundamente. Vocês estão bebendo água:

sintam-na descer pela garganta sem usar palavras. Sintam-na, isso basta; atentem para ela. O movimento da água, seu frescor, a sede que desaparece, a satisfação que se segue – sintam isso!

Vocês estão sentados ao sol: sintam sua tepidez sem usar palavras. O sol está acariciando vocês. Existe aí uma comunhão profunda. Procurem senti-la! Desse modo, a percepção somática, a percepção do corpo se desenvolverá. Em presença da percepção do corpo, a mente se cala. Ela não é necessária. E, se a mente se calar, vocês mergulharão de novo no inconsciente profundo. A atenção total permitirá isso. Terão então a luz com vocês e a escuridão desaparecerá.

É bom, para os somaticamente orientados, ficar somaticamente atentos. Para os demais, o melhor é tomar consciência da respiração.

Existem muitos, muitos métodos. Entretanto, todo método é apenas um esforço rumo à consciência. Da consciência não se escapa. Vocês poderão começar de onde quiserem, mas o objetivo será sempre a consciência.

De que modo a observação conduz à não mente? Estou conseguindo cada vez mais observar meu corpo, meus pensamentos e sentimentos, o que é ótimo. Mas os momentos sem pensar são raros e espaçados. Ouvindo-o dizer "meditar é testemunhar", creio que entendo; mas, quando você fala em não mente, isso já não me parece muito fácil. Poderia explicar melhor?

A meditação é uma longa peregrinação. Quando digo que meditar é testemunhar, refiro-me ao início da meditação. E quando digo que meditação é não mente, refiro-me ao término da peregrinação. O testemunho é o começo, a não mente é o fim. O testemunho é um método para alcançar a não mente. Você, é claro, achará o testemunho mais fácil, mais próximo de você.

Mas ele lembra o plantio da semente, seguido de um longo período de espera. E não apenas de espera, mas de esperança em que a semente brotará e se transformará em planta; em que um belo dia a primavera chegará e a planta dará flores. A não mente é a última etapa da florescência.

Plantar a semente é sem dúvida muito fácil, está ao alcance de todos. Porém, o surgimento das flores não depende de você. Você pode preparar o solo, mas as flores só aparecerão se quiserem; ninguém pode forçá-las a isso. A primavera está fora do seu controle; mas ela virá inevitavelmente, então por que não preparar bem o solo?

O modo como você está se movendo está absolutamente correto. O testemunho é o caminho e você já começa, de vez em quando, a ter instantes de ausência de pensamento. Esses são vislumbres da não mente... mas apenas vislumbres.

Lembre-se de uma lei fundamental: aquilo que pode existir apenas por um instante pode também se tornar eterno. Você não terá dois momentos concomitantes, apenas um de cada vez. E, se conseguir transformar um momento num estado de ausência de pensamento, já estará começando a descobrir o segredo. Não haverá então obstáculo, nenhum motivo para não mudar igualmente o segundo momento, que também virá sozinho, com o mesmo potencial e a mesma capacidade.

Se você conhecer o segredo, achará a chave-mestra que abrirá cada momento, fazendo dele um vislumbre da não mente. A não mente é a etapa final, quando a mente desaparece para sempre e a ausência de pensamento se torna sua realidade intrínseca. Se os vislumbres começarem a se repetir, isso é sinal de que você está no caminho certo e escolheu o método adequado.

Mas não se impaciente. A vida exige muita paciência. Os mistérios finais só se desvelam para aqueles que se mostram muitíssimo pacientes.

Estou me lembrando de uma coisa...

No antigo Tibete, era costume, era mostra de respeitabilidade que toda família contribuísse para a grande obra da expansão da consciência. Assim, o primeiro filho era entregue a um mosteiro para ser habilitado em meditação. Provavelmente, nenhum outro país realizou uma experiência tão ampla no âmbito da consciência.

A destruição do Tibete pelos comunistas chineses deve ser considerada uma das grandes desgraças que desabaram sobre a humanidade. O que se perdeu não foi apenas um pequeno país, foi uma experiência de vulto que ali vinha sendo conduzida há séculos.

O primeiro filho ia para o mosteiro quando ainda era muito novo, com 5 ou no máximo 6 anos de idade. É que, no

Tibete, se sabia que as crianças conseguem aprender o testemunho muito melhor que os adultos. Estes já estão totalmente estragados. As crianças são puras e na lousa de sua mente ainda não foi nada escrito, de modo que ensinar-lhes o vazio é facílimo.

Difícil era a entrada da criança no mosteiro, principalmente quando muito pequena. Lembro-me de um caso... Vou lhes contar apenas um, mas houve centenas de outros semelhantes, como não poderia deixar de ser.

Um menino de 6 anos está de partida. A mãe chora, pois sabe que a vida no mosteiro é dura para uma criança. O pai diz ao filho: "Não olhe para trás. A respeitabilidade de nossa família está em jogo. Nunca, em toda a história desta casa, uma criança olhou para trás. Não importa o teste que lhe apliquem para entrar no mosteiro, mesmo que ponha sua vida em risco, não olhe para trás. Não pense em mim nem nas lágrimas de sua mãe.

Estamos mandando você para o maior dos experimentos com a consciência humana e o fazemos com alegria, embora a separação seja dolorosa. Sabemos que passará em todos os testes; tem nosso sangue e, é claro, preservará a dignidade da nossa família".

A criança monta um cavalo e o criado outro. Na primeira curva da estrada, sente uma vontade quase irresistível de lançar um derradeiro olhar à casa paterna, ao jardim. O pai sem

PARTE 3 – A CONSCIÊNCIA É O SEGREDO

dúvida está lá de pé, com a mãe ao lado chorando... Mas lembra-se do que acabou de ouvir: "Não olhe para trás".

E não olha. Com lágrimas escorrendo pelas faces, dobra a curva. Agora já não pode mais ver a casa e não sabe quando – talvez depois de anos e anos – voltará a se encontrar com o pai, a mãe e o resto da família.

Chega ao mosteiro. No portão, o abade o espera, recebendo-o cordialmente, como se ele fosse um adulto. Ambos se cumprimentam com uma reverência. O abade diz então: "Seu primeiro teste será ficar sentado aqui fora, de olhos fechados e sem se mexer, até que o chamemos".

O menino se senta junto ao portão com os olhos fechados. As horas passam... e ele não pode esboçar um único movimento. Moscas pousam em seu rosto e ele não pode espantá-las. É a demonstração de dignidade que o abade espera dele. Já não pensa como uma criança; é uma pessoa respeitável, que não vai decepcionar a família nem o abade.

O dia chega ao fim e até os outros monges começam a sentir pena do menino. Fome, sede... o menino apenas espera. Todos já pressentem que, embora pequeno, ele tem grande coragem e ânimo.

Finalmente, ao crepúsculo, o abade aparece e leva o menino para dentro, dizendo: "Você passou no primeiro teste, mas haverá outros muitos. Respeito sua paciência, sendo você tão novo. Permaneceu imóvel e não abriu os olhos. Não perdeu a coragem, confiando em que, na hora certa, seria chamado".

Sucederam-se anos de treinamento no testemunho. O menino só recebeu autorização para rever os pais depois de uns dez, vinte anos. O critério era que, antes de ter a experiência da não mente, não poderia encontrar de novo a família. Após a experiência, voltaria para o mundo. Sem problemas.

Quando a pessoa se encontra no estado de não mente, nada a distrai do seu ser. Não existe poder maior que o da não mente. Nenhum dano pode ser infligido a semelhante pessoa. Não há apego, cobiça, ciúme, cólera – nada disso brota dela. A não mente é um céu absolutamente puro, sem nuvens.

Você pergunta: "De que modo a observação conduz à não mente?"

Existe uma lei intrínseca: pensamentos não têm vida própria. São parasitas, vivem porque você se identifica com eles. Quando diz: "Estou com raiva", infunde energia vital na raiva porque se identifica com ela.

Mas quando diz: "Estou prestando atenção à raiva que apareceu na tela de minha mente", deixa de dar vida, ânimo e energia à raiva. Isso é possível porque não se identificou com a raiva. Ela se tornou impotente, não o pressiona, não o modifica, não o afeta. Ela é absolutamente oca, morta. Logo passará, deixando o céu claro e a tela da mente vazia.

Aos poucos, você se isolará dos seus pensamentos. Esse é todo o processo de testemunhar e observar. Em suma, nas palavras de George Gurdjieff, que chamava isso de não identificação, você não está mais identificado com seus pensamentos.

Está afastado, distanciado, indiferente, como se seus pensamentos fossem pensamentos alheios. Você rompeu seus vínculos com eles. E agora pode observá-los.

A observação requer um certo distanciamento. Havendo identificação, não haverá distanciamento, haverá proximidade. É como colocar um espelho muito perto dos olhos: a pessoa não consegue ver seu rosto. Um certo distanciamento é necessário para que ela o veja.

Se os pensamentos estiverem muito perto de você, não serão vistos. Você será afetado e transformado por seus pensamentos: a cólera o tornará colérico, a cobiça o tornará cobiçoso, a sensualidade o tornará sensual, pois não haverá distanciamento. Eles estão tão próximos que você é levado a concluir que constitui uma só coisa com seus pensamentos.

A observação destrói essa unicidade e cria a separação. Quanto mais você observar, maior será o distanciamento. E quanto maior for o distanciamento, menos energia seus pensamentos sugarão de você. Eles não têm nenhuma outra fonte de energia e por isso logo começarão a fenecer, a se diluir. E você terá, nesse instante, os primeiros vislumbres da não mente.

Essa será sua experiência. Você diz: "Estou conseguindo cada vez mais observar meu corpo, meus pensamentos e sentimentos, o que é ótimo". Esse é apenas o princípio, mas realmente já é ótimo – o simples fato de estar no caminho certo mesmo sem dar um passo lhe proporcionará imensa alegria, uma alegria espontânea.

OS SEIS ASPECTOS DA MEDITAÇÃO

Tão logo você comece a percorrer o caminho certo, sua bem-aventurança e sua magnífica experiência se aprofundarão cada vez mais, se ampliarão com novos matizes, novas flores, novas fragrâncias.

Você diz: "Mas meus momentos sem pensar são raros e espaçados". Esse já é um grande feito, pois a maioria das pessoas não conhece sequer uma interrupção. Seus pensamentos estão sempre como que na hora do *rush*, pensamentos e mais pensamentos, pensamentos um atrás do outro como uma fila de carros, de dia e de noite. O que você chama de sonhos são apenas pensamentos em forma de imagens... porque a mente inconsciente não conhece linguagens alfabéticas. Não há escolas, não há institutos de treinamento que ensinem línguas ao inconsciente.

O inconsciente é muito primitivo, tal qual uma criança. Você já folheou os livros de seus filhos pequenos? Se quiser ensinar alguma coisa a eles, terá de, primeiro, esboçar um grande quadro. Por isso, nos livros infantis, vemos desenhos, desenhos coloridos e pouquíssimas palavras. A criança se interessa mais por imagens. É primitiva, só entende a língua das figuras.

Aos poucos, você vai associando imagens e palavras, de modo que, quando ela vir uma manga, diga: "Uma manga!" Ela aprende então que, por trás do desenho de uma manga, existe uma certa palavra que a descreve. Está interessada na fruta, mas pouco a pouco começa a associar-lhe a palavra "manga". À medida que cresce, os desenhos vão ficando menos importantes e as palavras se impõem. Quando entra na universidade, as imagens terão desaparecido dos livros e só a língua permaneceu.

Aliás, devo dizer que a televisão levou a humanidade de volta a uma etapa primitiva porque, hoje, as pessoas só apreciam imagens. O futuro encerra um perigo e já se nota que elas deixaram de ler a grande literatura. Para que leriam o livro se podem assistir ao filme na televisão? Esse é um fenômeno muito perigoso, uma vez que certas coisas não podem ser reproduzidas em imagens. A grande literatura só pode sê-lo parcialmente. O perigo é as pessoas começarem a esquecer a língua, sua beleza e magia, para se tornarem novamente primitivas diante da telinha.

Os norte-americanos veem televisão por cerca de seis horas diárias. Isso acabará destruindo algo que conquistamos com enorme dificuldade. De alguém que vê televisão durante seis ou sete horas por dia, não se pode esperar que leia Shakespeare, Kalidas, Rabindranath Tagore, Herman Hesse, Martin Buber ou Jean-Paul Sartre. Quanto maior a literatura, menor a possibilidade de ser vertida em imagens.

As imagens são coloridas, excitantes, fáceis, mas não se comparam com a língua. O futuro terá de ser protegido de muitas coisas. Os computadores poderão acabar com a memória das pessoas, que não precisarão mais dela, pois levarão uma maquininha do tamanho de um maço de cigarros no bolso. Essa maquininha contém tudo o que é preciso saber. Para que, então, ter memória? Basta apertar um botão e o computador se dispõe a dar qualquer informação que se queira.

O computador pode destruir todo o sistema de memória da humanidade, que foi desenvolvido ao longo de séculos com muito esforço. A televisão pode dar fim à grande literatura e à possibilidade de voltarem a nascer no mundo homens como Shelley e Byron. Esses são grandes inventos, mas ninguém examina suas implicações. Eles acabarão por reduzir a humanidade inteira ao atraso.

O que você está sentindo é um bom sinal de que está no caminho certo. É sempre problemático, para o buscador, saber se está no rumo certo ou não. Não há segurança, não há garantia, não há certeza. Todas as dimensões estão disponíveis: como escolher a correta?

Eis o modo e o critério de escolha: se o caminho e a metodologia que adotou lhe trazem mais alegria, mais sensibilidade, mais acuidade e mais bem-estar – então você tomou o rumo certo. Esse é o único critério. Se você se sentir mais triste, mais colérico, mais egoísta, mais ganancioso e mais lascivo – então você enveredou pelo caminho errado.

No caminho certo, sua felicidade aumentará a cada dia e sua experiência das coisas belas se tornará mais psicodélica, mais colorida – com cores que você nunca viu no mundo, com fragrâncias que você nunca aspirou em parte alguma. Então, poderá prosseguir sem receio de estar no caminho errado.

PARTE 3 – A CONSCIÊNCIA É O SEGREDO

Essas experiências interiores manterão você sempre no caminho certo. Saiba que, se elas se aprofundarem, isso significa que você está se movendo. No momento, você só fica alguns minutos sem pensar... o que não é pouca coisa. Ao contrário, é uma grande conquista, pois as pessoas, em geral, nunca conseguem durante a vida inteira ter um único momento assim.

Esses espaços se ampliarão.

Você se tornará cada vez mais centrado, cada vez mais atento; os espaços se tornarão mais e mais longos. Esse dia não está distante, caso você continue se movendo sem olhar para trás, sem se dispersar. Se seguir sempre em frente, não está distante o dia em que sentirá, pela primeira vez, os espaços se ampliarem a tal ponto que horas e horas decorram sem que um único pensamento o assalte. Então, terá experiências mais profundas de não mente.

A grande conquista é quando, 24 horas por dia, você permanece rodeado de não mente. Não quer dizer que não possa usar sua mente; essa é uma falácia proposta por quem não sabe nada do assunto. Não mente não significa que você não pode usar sua mente, mas que sua mente não pode usar você.

Não significa, tampouco, que sua mente tenha sido destruída. Ela apenas foi posta de lado. Você poderá acioná-la a qualquer momento que tiver de se comunicar com o mundo. Ela se tornará sua serva. Agora, porém, é sua ama. Mesmo quando você está sentado sozinho, ela não para de funcionar – e você, indefeso, não pode detê-la.

Não mente significa apenas que a mente foi posta em seu devido lugar. Como serva, é um ótimo instrumento; como ama, é tirânica. É perigosa. Pode destruir toda a sua vida. A mente não passa de um meio para, em momentos de necessidade, você se comunicar com os outros. Mas, quando está sozinho, ela é inútil. Portanto, irá usá-la só quando precisar.

E lembre-se de mais uma coisa: depois de permanecer em silêncio por horas, a mente se torna fresca, jovem, mais criativa, mais sensível. Ela rejuvenesce com o descanso.

A mente das pessoas comuns começa a funcionar por volta dos 3 ou 4 anos de idade e continua funcionando por mais 70, 80 anos, sem feriados. Naturalmente, não pode ser muito criativa. É uma mente cansada – e sobrecarregada de entulho. Milhões de pessoas, no mundo, vivem sem criatividade; e a criatividade é uma das mais esplêndidas experiências do homem. Acontece que sua mente está muito fatigada... ela não se encontra em estado de superabundância de energia.

O homem dotado de não mente mantém sua mente em repouso, cheia de energia, agudamente sensível, pronta para entrar em ação no momento em que for convocada. Não é coincidência que as palavras desse homem possuam uma magia própria. Quando ele usa a mente, esbanja carisma, força magnética. É totalmente espontâneo e possui o frescor do orvalho da manhã, antes do nascer do sol. A mente, convém acrescentar, é o meio de expressão e criatividade mais evoluído de que a natureza dispõe.

PARTE 3 – A CONSCIÊNCIA É O SEGREDO

Assim, o homem da meditação – ou melhor, o homem da não mente – transforma até sua prosa em poesia. Sem nenhum esforço, suas palavras soam com tamanha autoridade que ele não precisa argumentar. As próprias palavras valem como argumento. Sua força implícita torna-se uma verdade evidente. Não há necessidade do apoio da lógica ou de escrituras. As palavras de um homem de não mente já trazem em si a certeza. Se você estiver pronto para ouvir e aceitar, você a sentirá no coração.

A verdade autoevidente.

Veja a História: Gautama Buda nunca foi contestado por nenhum de seus discípulos; nem Mahavira, Moisés e Jesus. Havia algo em suas palavras, em sua presença, que era por si só convincente. Sem fazer o mínimo esforço para converter, eles converteram. Nenhum grande mestre foi missionário; nenhum tentou converter ninguém e, no entanto, converteu milhões.

Há um milagre – mas esse milagre consiste numa mente em repouso, numa mente sempre cheia de energia e usada apenas de vez em quando.

Quando eu falo com você, tenho de usar a mente. Quando estou sentado em meu quarto durante a maior parte do dia, esqueço tudo o que diz respeito a ela. Sou silêncio puro... e, enquanto isso, minha mente repousa. Só a uso para conversar com os outros. Se estou sozinho, estou absolutamente sozinho e não preciso usá-la.

Você diz: "Ouvindo-o dizer 'meditar é testemunhar', creio que entendo; mas, quando você fala em não mente, isso já não me parece muito fácil".

Como poderia ser fácil? Essa é a sua possibilidade futura. Você iniciou a prática da meditação; ela pode estar ainda nas etapas iniciais, mas você já tem uma certa experiência dessa prática e consegue me entender. Ora, se consegue entender a meditação, não há motivo para se preocupar.

A meditação leva, de maneira inevitável, à não mente, assim como todo rio corre para o mar sem nenhum mapa, sem nenhum guia. Todo rio, sem exceção, chega ao mar. Toda meditação leva, sem exceção, ao estado de não mente.

Mas, é óbvio, quando o Ganges está no Himalaia serpenteando entre as montanhas e vales, ele não faz ideia do que seja o mar, não concebe a existência do mar – mas é para lá que está fluindo, pois a água tende a buscar os lugares mais baixos. Os mares, os oceanos são os lugares mais baixos. Assim, os rios nascidos nos picos do Himalaia começam imediatamente a se mover na direção deles e finalmente encontram o mar.

O processo da meditação segue na direção contrária: procura os lugares altos, o mais elevado dos quais é a não mente. "Não mente" é apenas uma expressão, mas significa exatamente iluminação, libertação de todos os vínculos, experiência de não morte e imortalidade.

Essas são palavras portentosas e não quero assustá-lo. Por isso, empregarei apenas uma expressão simples: não mente.

PARTE 4

MEDICINA

E MEDITAÇÃO

Palestra de Osho na Indian Medical Association

Caros amigos:

O homem é uma doença. As doenças o atacam, mas ele próprio é uma doença. Eis seu problema e, também, sua singularidade; eis sua sorte e, também, seu azar. Nenhum outro animal na Terra tem tantos problemas, tanta ansiedade, tanta tensão e tantas doenças quanto o homem.

Entretanto, essa mesma condição deu ao homem seu crescimento, sua evolução – pois a doença significa que a pessoa não pode ser feliz como está e tal qual é. A doença insuflou no homem dinamismo, inquietude; mas, ao mesmo tempo, constitui sua má sorte porque ele é agitado, infeliz e sofredor.

Só o homem, entre os animais, pode ficar louco. Se não forçarmos um animal a enlouquecer, ele não enlouquecerá por si mesmo, não se tornará neurótico. Os animais, na floresta, não ficam loucos; mas ficam loucos num circo. Na floresta, eles não se pervertem; pervertem-se num zoológico. Nenhum animal comete suicídio; isso só o homem pode fazer.

Dois métodos foram concebidos para entender e curar a doença chamada homem: a medicina e a meditação. Ambas são tratamentos para a mesma enfermidade. Convém levar em conta desde já que a medicina tem uma microvisão do homem: considera cada uma de suas doenças separadamente, como se fossem eventos distintos. Já a meditação encara o homem como um todo, como uma doença total. Preceitua que a personalidade do homem é a doença. A medicina supõe que as doenças acontecem ao homem – que são coisas vindas de fora, alheias a ele. Mas, aos poucos, essa diferença vai se diluindo e a ciência médica já começa a dizer: "Não tratem a doença, tratem o paciente".

Essa é uma declaração importante: significa que a doença não passa de um indício do modo como um paciente vive sua vida. Nem todas as pessoas adoecem do mesmo jeito. As doenças também possuem sua individualidade, sua personalidade. Não é porque eu sofro de tuberculose e vocês também que seremos o mesmo tipo de pacientes. Nossas tuberculoses se apresentarão de diferentes maneiras – pois somos indivíduos diferentes. Pode ocorrer também que o tratamento eficaz contra a minha tuberculose não cure a de vocês. Portanto, no fundo, o importante é o paciente e não a doença.

A medicina trata as doenças do homem superficialmente; a meditação vai buscá-las no fundo. Podemos, pois, afirmar que a medicina tenta nos devolver a saúde a partir de fora, enquanto a meditação nos torna saudáveis a partir de dentro. A ciência da meditação não pode ser completa sem a medicina e a ciência da medicina não pode ser completa sem a meditação, porquanto o homem é, ao mesmo tempo, corpo e alma.

Na verdade, é basicamente um equívoco de linguagem dizer que o homem é as duas coisas. Por milhares de anos, pensou-se que o corpo e a alma de um ser humano fossem entidades separadas. Essa ideia deu origem a duas consequências perigosas. A primeira foi que, para algumas pessoas, apenas a alma era o homem: o corpo devia ser negligenciado. Elas ajudaram a desenvolver a meditação, mas não a medicina: esta não poderia se tornar ciência porque o corpo era inteiramente desprezado. Em contrapartida, outras pessoas achavam que o homem era apenas o corpo e negavam a existência da alma. Pesquisaram muito e fizeram grandes progressos em medicina – mas não deram nenhum passo rumo à meditação.

O homem, porém, é as duas coisas ao mesmo tempo. E também cometemos um equívoco linguístico ao dizer "as duas coisas ao mesmo tempo", pois isso dá a impressão de que existem duas coisas interligadas; ora, o corpo e a alma do homem são as duas extremidades do mesmo polo. Vendo-o pela perspectiva correta, não saberíamos dizer se o homem é corpo e alma. Não é. O homem é psicossomático ou somatopsíquico – mente-corpo ou corpo-mente.

Para mim, a parte da alma ao alcance de nossos sentidos é o corpo e a parte do corpo fora do alcance de nossos sentidos é a alma. O corpo invisível é a alma; a alma visível é o corpo.

Não são duas coisas diferentes, não são duas entidades distintas, são dois estados diversos de vibração da mesma entidade.

A própria noção de dualidade nos tem prejudicado enormemente. Sempre pensamos em termos de dois e, com isso, criamos problemas. De início, pensávamos em termos de matéria e energia; agora, não. Agora já não podemos dizer que matéria e energia são coisas separadas: dizemos que matéria é energia. Acontece que esse uso de uma linguagem antiga cria dificuldades. Mesmo dizer que matéria é energia não está certo. Há alguma coisa – vamos chamá-la de X – que, vista de uma extremidade, é matéria e, vista de outra, é energia. Não são duas coisas, são duas formas de uma entidade única.

Do mesmo modo, o corpo e a alma são duas extremidades de uma entidade única. A doença pode começar por qualquer uma dessas extremidades. Pode começar pelo corpo e atingir a alma – de fato, tudo o que sucede no corpo repercute na alma. É por isso que, muitas vezes, um homem fisicamente curado de uma doença continua a se sentir mal. A doença deixou o corpo, o médico afirma que ela já não está mais lá, mas o paciente continua se sentindo enfermo e não quer acreditar que se curou. Todos os exames e testes indicam que, clinicamente, ele está bem; mas o paciente insiste em dizer que está mal.

Pacientes desse tipo costumam irritar muito os médicos quando todos os exames revelam que a doença desapareceu. Entretanto, ausência de doença não significa presença de saúde. A saúde é positiva; a ausência de doença não passa de um estado negativo. Dizer que não há espinho não significa que haja flor. "Não há espinho" indica apenas ausência de espinhos. A presença da flor é um caso bem diferente.

Até hoje, a ciência da medicina não foi capaz de explicar o que é saúde. Só tentou explicar o que é doença. Se vocês interrogarem a medicina sobre doenças, ela ensaiará algumas definições; mas, se lhe perguntarem o que é saúde, ela virá com evasivas. Dirá, por exemplo, que quando não há doença o que sobra é saúde. Isso não é definir, é ludibriar. Como definir a saúde em relação à doença? É o mesmo que definir a flor em relação ao espinho, a vida em relação à morte, a luz em relação à treva. Ou, então, definir o homem em relação à mulher ou vice-versa.

Não, até hoje a medicina não foi capaz de explicar o que é saúde. Ela só pode nos dizer o que é doença. Naturalmente, há um motivo para isso: a ciência da medicina só apreende o exterior e, do exterior, só a doença pode ser entendida. Ora, a saúde só é entendida a partir do ser interior do homem, da sede da alma. A esse respeito, a palavra híndi *swasthya* é realmente maravilhosa. A palavra inglesa *health* (saúde) não é sinônimo de *swasthya*. *Health* deriva de *healing* (curar). A doença está associada à cura: *health* significa *healed* (curado), ou seja, recuperado da doença.

Swasthya não é nada disso. Significa o estado de alguém que se interiorizou, que atingiu o âmago de si mesmo. E *swastha*, "saudável", indica aquele que se enraizou em si próprio. Portanto, *swasthya* não é apenas *health*.

Na verdade, não existe nenhuma palavra em qualquer outra língua do mundo comparável a *swasthya*. Todas as outras línguas possuem sinônimos para "doença" e "não doença". O próprio conceito de *health* é o de "não doença". Sim, não ter doença é necessário, mas isso não esgota a acepção de *swasthya*. Exige-se algo mais, algo que seja possível a partir da outra extremidade do polo, onde nosso ser interior reside. Mesmo que a doença venha de fora, suas vibrações alcançam a alma.

Atiro uma pedra na superfície calma de um lago. A perturbação ocorre apenas no lugar em que a pedra atingiu a água, mas as ondas produzidas chegam até as margens, que não foram tocadas pela pedra. Da mesma forma, as ondas de tudo o que acontece ao corpo alcançam a alma. E, se a medicina clínica tratar apenas o corpo, que acontecerá às ondas que chegarem às margens distantes? Se atirarmos a pedra no lago e só prestarmos atenção ao lugar onde ela atingiu a água, criando um distúrbio momentâneo, que acontecerá a todas as ondas que agora ganharam vida própria, independente da pedra?

Quando o homem adoece, as vibrações da doença percorrem todo o caminho até a alma. Esse é o motivo pelo qual a doença às vezes persiste mesmo depois de o corpo receber tratamento e ser curado. A doença persiste porque suas vibrações descem até o ser mais profundo da pessoa – e por isso a ciência médica até agora não encontrou soluções eficazes.

De modo que a ciência médica permanecerá sempre incompleta sem a meditação. Conseguiremos curar a doença, mas não conseguiremos curar o paciente. Sem dúvida, é do interesse do médico que o paciente não se cure, que apenas a doença desapareça – para que o paciente volte sempre!

A doença pode também se originar na outra extremidade. Atualmente, devido ao estado em que o homem se encontra, as doenças continuam a existir devido à tensão que se acumula dentro dele. Repito: nenhum outro animal é tão doente, tão inquieto, tão tenso – e há razões para isso. Sucede que não há na mente de nenhum outro animal a ideia do "tornar-se". Um cachorro é um cachorro, não precisa se tornar um. Mas o homem precisa se tornar homem, pois ainda não é. Por isso não podemos dizer de um cachorro que ele é menos que um cachorro. Todos os cachorros são igualmente cachorros. Mas, no caso do homem, vale bem dizer que ele é menos que um homem. O homem nunca nasce completo.

O homem nasce num estado de incompletude. Todos os outros animais nascem completos. O homem, não. Há certas coisas que ele precisa fazer para se completar. O estado de incompletude é a sua doença e, em virtude disso, ele se perturba durante 24 horas por dia. Não é verdade – como em geral pensamos – que só o pobre tem problemas por causa de sua pobreza. Não percebemos que, ao se tornar rico, o grau do problema muda, mas o problema permanece.

O fato é que o pobre nunca é tão ansioso quanto o rico, pois tem ao menos uma justificativa para seus problemas: a pobreza. O rico não pode apelar para essa justificativa, não pode sequer detectar o motivo de sua ansiedade. E, quando a ansiedade não tem causa aparente, torna-se terrível. Um motivo nos dá alívio, um pouco de consolação, já que alimentamos a esperança de um dia eliminá-lo. Mas quando a perturbação surge do nada, a dificuldade se agrava.

Nações outrora pobres sofreram muito; no entanto, quando enriqueceram, descobriram que nações ricas sofrem muito também.

Eu recomendaria que vocês escolhessem o sofrimento do rico, não do pobre. Se for possível escolher sofrimento, melhor então que se escolha o do rico. O grau de inquietação, porém, será maior.

Hoje, os Estados Unidos padece um nível de inquietação e ansiedade mais elevado que o de qualquer outro país do mundo. Embora nenhuma outra sociedade haja gozado jamais das vantagens disponíveis aqui, foi aqui que, pela primeira vez, a desilusão se instalou e as ilusões se perderam. Os homens pensavam que eram ansiosos por alguma razão. Nos Estados Unidos, ficou claro que nenhuma razão os deixa ansiosos – eles próprios são a ansiedade, inventam novas ansiedades para si mesmos. Sua personalidade exige cada vez mais coisas que eles não têm; e aquilo que eles têm vai ficando cada vez mais sem sentido a cada dia. O que foi feito parece vazio, fútil; só os atrai o que está por fazer. O homem luta perpetuamente por aquilo que não possui.

Nietzsche disse, num de seus livros, que o homem é uma ponte lançada entre duas impossibilidades: sempre ávido para fazer o impossível e sempre ávido para se tornar completo. É dessa ânsia de completude que todas as religiões nasceram.

Tempo houve, na Terra, em que o sacerdote era também o curandeiro, em que o líder religioso era também o médico; exercia as duas funções. E não será de surpreender se recairmos na mesma situação amanhã. Haverá apenas uma pequena diferença: o médico se tornará sacerdote! Isso já começou a acontecer nos Estados Unidos porque, pela primeira vez, ficou claro que o problema não é apenas do corpo. Também se reconheceu que, quando o corpo está totalmente são, aumentam consideravelmente os problemas – pois a pessoa passou a localizar sua doença no polo oposto ao corpo.

Nossas percepções, igualmente, necessitam de causas. Só quando picado por um espinho é que sentimos nosso pé; se nenhum espinho o picar, nós permanecemos alheios a ele. Porém, quando temos um espinho cravado no pé, todo o nosso ser aponta como uma flecha para aquele local, percebe o pé e nada mais – naturalmente. E, quando o espinho é removido, o ser inteiro também percebe o que aconteceu.

Fome satisfeita, boas roupas, casa em ordem e... a esposa desejada. Não há maior calamidade no mundo do que ter a esposa que se desejou! Então, não há fim para o sofrimento do homem. Se ele não tem a esposa desejada, pode ao menos tirar alguma felicidade da esperança de vir a tê-la. Mas nem isso lhe resta quando a tem.

Falaram-me a respeito de um manicômio. Um homem foi visitá-lo e o superintendente convidou-o a ver as instalações. Parando diante de uma cela, o homem perguntou ao superintendente o que havia de errado com o interno.

O superintendente respondeu que o sujeito enlouquecera porque não pudera se casar com a mulher amada.

Em outra cela, o interno tentava arrancar as grades, esmurrava o peito e puxava os cabelos. Indagado sobre o que lhe acontecera, o superintendente explicou: "Este aí se casou com a mesma mulher que repeliu o outro. Enlouqueceu também!"

Contudo, o homem desprezado guardava uma foto da mulher junto ao coração e se achava feliz em sua loucura, ao passo que o outro só o que fazia era bater a cabeça contra as grades.

Feliz o amante que não se casa com a amada!

De fato, alimentamos sempre a esperança de ter o que não tivemos, para viver dessa esperança. Quando temos, nossa esperança se vai e nós ficamos vazios. No dia em que os médicos libertarem o homem desses problemas físicos, poderão encetar a outra parte da tarefa. No dia em que o homem ficar livre das doenças do corpo, estará em condições de perceber as doenças da alma. Pela primeira vez, ficará perturbado interiormente e se perguntará por que nada lhe parece bem quando tudo por fora está em ordem.

Não é de surpreender que, na Índia, 24 *tirthankaras* tenham sido filhos de reis, que o Buda fosse filho de rei, que Rama e Krishna pertencessem a famílias reais. Para eles, os problemas do corpo não existiam; a perturbação vinha de dentro.

A medicina tenta livrar o homem das doenças superficialmente, no nível do corpo. Mas convém lembrar: mesmo livre das doenças, o homem não se livra da doença básica que é ser homem. Essa doença é o desejo do impossível. Ela significa que o homem não consegue se satisfazer com nada, que suas conquistas logo se tornam fúteis e que para ele só importa aquilo que não possui.

A cura para a doença de ser homem é a meditação. A medicina, os médicos curam todas as outras doenças; mas, para a doença de ser homem, só a meditação tem remédio. A ciência médica estará completa no dia em que entender a porção interior do ser humano e começar a tratá-la também. Com efeito, em minha opinião, se houver aqui entre nós uma pessoa doente, ela adoeceu por criar mil e uma doenças no nível do corpo, da porção externa.

Como eu já disse, quando o corpo adoece, as vibrações, as ondas da doença avançam até chegar ao ser interior. Do mesmo modo, se o ser interior estiver doente, suas ondas alcançarão o nível exterior, o corpo.

É por isso que existem tantas "patias" – sistemas de medicina – no mundo. Não seria assim se a patologia, estudo da natureza essencial das doenças, fosse uma ciência completa.

Mas ela se tornou possível porque o homem tem milhares de tipos de doenças. Algumas não podem ser curadas pela alopatia, que se mostra impotente contra aquelas que se originam no interior do homem e daí viajam para a área periférica. Mas a alopatia é muito eficiente no tratamento daquelas que se originam fora e avançam para dentro. As doenças que chegam ao exterior partindo do interior não são doenças do corpo, de modo algum; apenas se manifestam no nível do corpo. Sua origem é sempre psicológica, quando não mais profunda – espiritual.

Portanto, se uma pessoa está sofrendo de uma doença da psique, nenhum medicamento pode lhe dar alívio. Na verdade, os medicamentos às vezes se revelam prejudiciais porque tentam fazer alguma coisa e, no processo, em vez de curar provocam danos. Só os remédios inócuos, que na verdade não têm nenhum potencial para aliviar as doenças físicas, é que não prejudicam o paciente. A homeopatia, por exemplo, não prejudica ninguém, pois não cura nada.

Contudo, a homeopatia proporciona alívio. Não tem potencial para curar, mas isso não significa que as pessoas não se sintam aliviadas. Aliviar, porém, é uma coisa; curar é outra. Temos aí dois fenômenos diferentes. As pessoas se sentem aliviadas porque, se criaram uma doença no nível da psique, um placebo lhes basta: para essas doenças, os placebos são suficientes. Elas precisam do consolo, da garantia que lhes dá o placebo. Sua confiança deve ser restaurada, elas devem pensar que na verdade não estão doentes, apenas nutrindo a ideia de que estão. É tudo. Por isso o mesmo resultado pode ser obtido das cinzas de um mendigo ou da água benta do Ganges.

Atualmente, inúmeros experimentos vêm sendo feitos com os placebos, que vocês podem chamar também de medicina ilusória. Se nove pessoas estão sofrendo da mesma doença e três são tratadas pela alopatia, três pela homeopatia e três pela naturopatia, o resultado é dos mais interessantes: cada uma dessas "patias" afeta a mesma porcentagem de pacientes para bem ou para mal. Não há grande diferença na proporção – e isso dá o que pensar.

O que acontece?

A meu ver, a alopatia é a única medicina científica. Entretanto, como alguma coisa no homem é não científica, a medicina científica, sozinha, não funciona. Apenas a alopatia trata o corpo humano de maneira científica, mas não apresenta um índice de cura de cem por cento porque o homem, em seu ser profundo, é também imaginativo, inventivo e sonhador. Em suma, a pessoa para a qual a alopatia não funciona está doente em virtude de alguma razão não científica.

Que significa estar doente por alguma razão não científica? Essas palavras podem soar muito estranhas. Como vocês sabem, existem tratamentos médicos científicos e tratamentos médicos não científicos. E eu lhes digo que existem também doenças científicas e doenças não científicas, isto é, maneiras não científicas de adoecer. Todas as moléstias que se originam no nível da psique e se manifestam no nível do corpo não podem ser curadas de maneira científica.

Conheço uma jovem que ficou cega. Mas era uma cegueira psicológica; seus olhos não estavam na verdade afetados. Os especialistas afirmavam que não havia nada de errado com eles, que a garota estava tentando enganar os outros. Mas não, ela não queria enganar ninguém porque, se levada para junto de uma fogueira, entraria na fogueira; e, diante de uma parede, bateria a cabeça na parede, machucando-se. Não, a garota não fingia; não conseguia mesmo enxergar com seus olhos. Essa doença, porém, estava fora do alcance dos médicos.

A garota foi trazida a mim e procurei entendê-la. Soube que ela estava apaixonada por um homem que a família a proibira de ver. Fiz-lhe várias perguntas e ela acabou confessando que não tinha vontade de ver mais ninguém, só seu amado. Estava determinada a ver somente a ele... Ora, quando essa intensidade está presente na determinação de uma pessoa, os olhos podem ficar psicologicamente cegos. Não verão mais nada. Isso não pode ser detectado pelo exame anatômico dos olhos porque a anatomia é normal, o mecanismo da visão continua funcionando – mas quem estava por trás dos olhos se afastou, saiu dali. Todos passamos por experiências semelhantes na vida diária, sem perceber. O mecanismo do nosso corpo só funciona quando estamos por trás dele.

Examinemos o caso de um rapaz que, em pleno jogo de *hockey*, machuca uma perna. Sangra, mas não o percebe. Os

PARTE 4 – MEDICINA E MEDITAÇÃO 123

outros podem ver que o rapaz está sangrando, mas ele próprio nem se dá conta do que aconteceu. Depois de meia hora, quando o jogo acaba, o rapaz sente de súbito uma dor na perna e pergunta quando se feriu. A perna começou a doer muito meia hora após a lesão. Essa lesão é real, os mecanismos sensoriais da perna estão funcionando perfeitamente – eles é que, por fim, informaram ao rapaz sobre a dor, meia hora depois. Mas por que não informaram antes?

Porque a atenção dele não estava na perna, estava no jogo. E estava tanto no jogo que não sobrou nada para a perna. Esta pode ter ficado o tempo todo informando-o; os músculos, os nervos enviaram seus impulsos, batendo em todas as portas possíveis, tocando todas as campainhas – mas o porteiro estava dormindo. Dormindo ou bem longe dali. Tinha saído, não se achava a postos no momento. Ao voltar, meia hora depois, percebeu que havia uma lesão em sua perna.

Pedi à família da jovem que fizesse uma coisa. Não podendo ver a pessoa que queria, ela cometera um suicídio parcial – um suicídio dos olhos. Eu disse a seus familiares: "O que aconteceu foi que a moça entrou numa fase de suicídio parcial. Deixem-na se encontrar com o namorado".

Eles perguntaram: "E que relação tem isso com os olhos?"

Insisti em que atendessem a meu pedido pelo menos uma vez. E tão logo a jovem foi informada de que poderia se encontrar com o namorado e de que este chegaria às cinco horas, correu à porta para esperá-lo. Seus olhos agora viam perfeitamente.

Não, não era fingimento. Experiências com hipnose já demonstraram que, nesses casos, não se finge. Contei-lhes essa história com base em minha experiência pessoal. Se dermos a uma pessoa em estado profundo de hipnose um seixo e lhe dissermos que se trata de uma brasa, ela se comportará exatamente como se tivesse uma brasa na mão. Atirará o seixo longe e começará a gritar que se queimou. Até aí, entende-se. Mas a pessoa apresentará também bolhas na palma da mão – e nesse ponto as dificuldades começam. Se pudermos ter bolhas apenas devido à ideia de que há uma brasa em nossa mão, é óbvio que será perigoso iniciar o tratamento das bolhas no nível do corpo. O tratamento deverá se iniciar no nível da mente.

Dado que consideramos apenas uma das extremidades do homem, pudemos, aos poucos, eliminar as doenças que afetam o corpo; mas as oriundas da mente aumentaram.

Hoje, mesmo quem só pensa em termos de ciência já começa a aceitar que pelo menos cinquenta por cento das enfermidades são mentais. Isso não ocorre na Índia porque as doenças mentais exigem, primeiro, uma mente muito forte. Na Índia, vemos que cerca de noventa e cinco por cento das moléstias são do corpo; nos Estados Unidos, porém, a proporção das moléstias da mente está aumentando.

As moléstias da mente em geral começam dentro e se espalham pela periferia; são moléstias que saem, enquanto as do corpo são moléstias que entram. Se tentarmos tratar as manifestações físicas da doença mental, esta logo achará outros meios de aparecer. Talvez consigamos bloquear pequenos surtos da doença mental em um ou dois lugares, mas ela certamente reaparecerá em outros. Explorará, para vir à tona, o ponto mais fraco da personalidade do indivíduo. Por isso o médico, muitas vezes, não só se mostra incapaz de curar uma doença como a ajuda a multiplicar-se sob diversas formas. A doença eliminada num ponto reaparece em vários outros, com aspectos diferentes, devido ao fato de ter sido obstruída.

Para mim, a meditação é o remédio eficaz na outra extremidade do ser humano. Naturalmente, os remédios dependem da matéria, dos constituintes químicos; a meditação depende da consciência. Não há comprimidos para a meditação, embora as pessoas tentem esse caminho: LSD, mescalina, maconha – muitas, muitas coisas do gênero têm sido experimentadas. Esforços e mais esforços são feitos no afã de produzir pílulas para a meditação. Mas, para a meditação, nunca haverá pílulas. Na verdade, semelhantes tentativas lembram a velha teimosia de só tratar o homem a partir do nível do corpo, de procurar a cura apenas a partir de fora. Mesmo que nossa psique seja atingida, o tratamento ainda estará vindo do exterior, não do interior. Drogas como a mescalina e o LSD só podem produzir uma ilusão de saúde interna; essa saúde elas não podem assegurar. Não é possível chegar às profundezas do ser do homem por meio de recursos químicos. Quanto mais nos interiorizamos, mais diminuem as atividades químicas. Quanto mais nos aprofundamos no homem, menos significativa se torna a abordagem física e material. Somente uma abordagem não material ou psíquica tem significado aqui.

Isso, porém, não se fez até hoje devido a alguns preconceitos, algumas predisposições. Fato interessante, os médicos são uma das duas ou três profissões mais ortodoxas do mundo. Professores e médicos estão no topo da lista dos cultores da ortodoxia. Não renunciam facilmente a ideias antigas. Há razões para isso, talvez muito naturais, e a mais notória é sem dúvida o fato de que, se eles abandonarem sem dificuldade ideias antigas e tornarem-se flexíveis, terão problemas para ensinar os jovens. Seu ensino é mais eficiente quando as ideias são fixas. Elas devem ser definidas, sólidas, nunca frágeis ou fluidas, pois assim eles as transmitem com segurança.

Nem os criminosos precisam de tanta confiança quanto os professores. Estes têm que ter certeza absoluta da veracidade de suas explicações. Ora, quem se vê diante da necessidade profissional de estar absolutamente certo acaba se tornando ortodoxo. Os professores se tornam ortodoxos e isso é mau porque a educação deveria ser o menos ortodoxa possível em todos os sentidos, para não haver obstáculos no caminho do progresso. Eis o motivo pelo qual raramente um professor é um inventor. Professores não faltam em todas as universidades; mas as invenções, as descobertas são feitas por gente de fora. Mais de setenta por cento dos ganhadores do Prêmio Nobel não estão nas universidades.

PARTE 4 – MEDICINA E MEDITAÇÃO

Outra atividade extremamente ortodoxa é a dos médicos – e isso também por razões profissionais. Eles precisam tomar decisões rapidamente. Se pensarem muito enquanto o paciente está estendido em seu leito de morte, apenas as ideias sobreviverão, o paciente morrerá. Se o médico for pouco ortodoxo, liberal e defensor de novas teorias, fazendo experiências o tempo todo, o perigo é grande. Todas as pessoas que precisam tomar decisões rápidas confiam sobretudo no conhecimento prévio, no conhecimento velho; não querem ser surpreendidas por ideias novas.

As pessoas que precisam tomar decisões rápidas, diariamente, têm de confiar no conhecimento velho – e é por isso que a profissão médica está cerca de trinta anos atrasada com relação à pesquisa médica. O resultado são pacientes que morrem sem necessidade, pois os médicos praticam o que já não deviam mais praticar. Esses, porém, são os ossos do ofício. Os médicos adotam conceitos extremamente fundamentalistas. Um desses conceitos é a crença mais forte na medicina que no homem; eles acreditam mais nos produtos químicos que na consciência, dão mais importância à química que à consciência. O resultado mais desastroso dessa atitude é que, privilegiando apenas a química, deixam de pesquisar a consciência.

Para que vocês tenham uma ideia mais clara do assunto, darei alguns exemplos.

Partos dolorosos sempre foram um problema. Dar à luz sem dor é um sonho antigo. Os sacerdotes, obviamente, são contra isso. Na verdade, combatem a própria ideia de um mundo livre de dor e sofrimento, pois perderão o emprego se o sofrimento e a dor desaparecerem do mundo. Seu ofício não terá mais razão de ser. Havendo dor, sofrimento e miséria, haverá fé, oração. Talvez o próprio Deus seja totalmente esquecido caso o sofrimento seja eliminado. Ninguém mais rezará, pois só nos lembramos de Deus nas horas difíceis. Os sacerdotes sempre foram contra o parto sem dor. Alegam que a dor, durante o parto, é um processo natural.

Mas a dor não devia existir aí. Chamar a isso de vontade de Deus é uma ideia falsa. Nenhum deus quer que a mulher sofra durante o parto. O médico acha que, para um parto sem dor, é necessário ministrar algum remédio, recorrer a alguns produtos químicos, à anestesia. Todas essas drogas atuam no nível do corpo, ou seja, este fica num estado tal que a mãe não sabe que está sentindo dor.

Naturalmente, as próprias mulheres fizeram suas experiências ao longo dos séculos. Por isso, 75 por cento dos bebês nascem à noite. É difícil para eles nascer durante o dia porque, então, a mulher está muito ativa, muito desperta. À noite ela dorme, relaxa. Assim, 75 por cento dos bebês não têm a chance de vir ao mundo quando o sol está brilhando: nascem na escuridão. Sonolenta, a mulher se sente mais descontraída e o bebê encontra mais facilidade para sair. A mulher começa a criar obstáculos para o bebê logo antes de ele nascer. Mais tarde criará outros, mas já os cria antes do parto.

PARTE 4 – MEDICINA E MEDITAÇÃO 129

Um dos remédios é fazer o corpo relaxar como durante o sono. Esse recurso é muito usado, mas apresenta inúmeras desvantagens. Uma delas é o fato de não confiarmos absolutamente na consciência da pessoa. E, como a confiança na consciência humana está diminuindo cada vez mais, a própria consciência está desaparecendo.

Um médico chamado Lamaze, ao contrário, confiou na consciência humana e fez milhares de partos sem dor. Seu método era a cooperação consciente: a mãe tentava cooperar meditativamente, conscientemente durante o parto, aceitava-o, não lutava contra ele, não lhe resistia. A dor não é devida ao nascimento da criança, mas à luta da mulher contra a dor. Ela se esforça para travar todo o mecanismo do nascimento. Tem medo da dor, tem medo do trabalho de parto. Essa resistência medrosa impede que o bebê nasça quando quer; há um conflito entre ambos; há uma briga entre mãe e filho. Esse conflito é o responsável pela dor. A dor não é natural: provém do conflito, da resistência.

Há duas maneiras de resolver o problema da resistência. Podemos sedar a mãe, quando trabalhamos no nível do corpo. Mas convém lembrar que a mãe disposta a ter seu filho em estado de inconsciência jamais será mãe no sentido pleno do termo. Existe uma razão para isso. Quando uma criança nasce, uma mãe nasce também. O nascimento de um filho é um nascimento duplo: nasce uma criança e, ao mesmo tempo, uma mulher comum se torna mãe. Ora, se a criança nasceu no estado de inconsciência, o que fizemos foi distorcer o relacionamento básico entre mãe e filho. A mãe não terá nascido, todo o processo gerou apenas uma babá.

Não sou a favor de, nos trabalhos de parto, sedar a mãe com a ajuda de drogas ou recursos superficiais. A mãe deve estar totalmente consciente durante o parto porque, graças a essa consciência, ela também nasce. Isso significa que a consciência da mãe deve ser adestrada para o parto. A mãe deve encarar o parto meditativamente.

Para a mãe, a meditação implica duas coisas. Primeira: ela não deve resistir, não deve lutar. Deve cooperar com o que está acontecendo. O rio flui sempre para onde exista uma depressão no solo, o vento sopra, as folhas secas caem — apenas caem, sem que ninguém interfira; do mesmo modo, a mãe precisa cooperar totalmente com o processo. Se cooperar totalmente durante o parto, não lutar contra ele, não sentir medo, mergulhar profunda e meditativamente no acontecimento — não haverá parto dolorido, a dor simplesmente se desvanecerá.

O que lhes digo tem base científica. Muitos experimentos foram feitos com esse método. A mãe um dia ficará livre de dores. E lembrem-se: as consequências disso serão de longo alcance.

Nós começamos a guardar maus sentimentos contra a coisa ou a pessoa que nos causa dor desde o primeiro instante de contato. Nutrimos uma espécie de inimizade contra quem lutamos já na primeira experiência. Isso se torna um obstáculo à formação de um vínculo de amizade. É difícil nos ligarmos a uma pessoa com a qual, desde o início, entramos em conflito. A ligação será superficial. Mas se a mulher for capaz de ter um filho com cooperação e consciência plena... Fato curioso: até hoje só ouvimos a expressão "trabalhos de parto", nunca "bênçãos de parto" – porque nunca soubemos de um parto assim. No entanto, se houver cooperação total, as "bênçãos de parto" também acontecerão.

Não sou, pois, a favor do parto sem dor, sou a favor do parto abençoado. Com a ajuda da ciência médica, só conseguiremos, no máximo, o parto sem dor, jamais o parto abençoado. Entretanto, se o abordarmos pelo prisma da consciência, poderemos tê-lo. Então, desde o primeiro instante, estabeleceremos uma conexão íntima consciente entre a mãe e o filho.

Esse foi apenas um exemplo de que algo pode também ser feito a partir de dentro. Sempre que caímos doentes, tentamos combater a doença apenas a partir de fora. A pergunta é: o paciente está mesmo pronto para combater a doença a partir de dentro? Nunca nos preocupamos em descobrir isso. Talvez se trate de uma doença autoinduzida. O número dessas doenças é grande. Na verdade, poucas doenças se apresentam por si próprias, a maioria é convidada. Nós as convidamos, sem dúvida, muito antes de baterem à porta; por isso, não vemos conexão alguma entre sua chegada e nosso convite.

Por milhares de anos, várias sociedades neste mundo não conseguiam estabelecer um vínculo entre intercurso sexual e nascimento porque o tempo decorrido entre um episódio e outro era longo – nove meses. Não logravam relacionar uma causa e um efeito tão distantes entre si. Além disso, nem todo intercurso redundava em nascimento, de modo que não havia motivo para associar as duas coisas. Só muito mais tarde o homem compreendeu que o acontecido nove meses antes resultava no nascimento nove meses depois. Estabeleceu então uma relação de causa e efeito. O mesmo sucede conosco em se tratando da doença. Nós a convidamos, mas ela só chega bem depois. Um longo tempo decorre entre os dois eventos e por isso não vemos ligação entre eles.

Um homem estava à beira da falência. Tinha medo de ir ao mercado para fazer compras. Tinha medo até de andar na rua. Um dia, saindo do banho, caiu e ficou paralisado. Está agora se submetendo a todos os tratamentos possíveis. Mas nós não podemos aceitar que ele quisesse ficar paralisado. O homem não pensou em semelhante possibilidade conscientemente, mas isso não vem ao caso. Também não vem ao caso que tenha ou não concebido ficar paralisado em sua mente – com toda a certeza, jamais pensou nisso. Contudo, em algum lugar bem no fundo de seu inconsciente, talvez tenha desejado não precisar ir às compras ou sair à rua. Esse é o primeiro ponto.

O segundo: desejou ainda que as hostilidades para com ele cessassem e fossem substituídas pela simpatia. Esse era o seu desejo profundo. Seu corpo, é claro, não deixaria de apoiá-lo. O corpo sempre segue a mente como uma sombra, sempre lhe

PARTE 4 – MEDICINA E MEDITAÇÃO

dá apoio. A mente faz os arranjos, embora nunca saibamos que arranjos ela irá fazer para nós. Se jejuarmos durante todo o dia, teremos uma refeição à noite – a mente se encarregará disso. Ela nos dirá que, se ficamos sem comer o dia inteiro, então devemos estar nos sentindo mal: "Vamos a um banquete no palácio do rei!" Nós vamos e comemos – à noite, em sonhos.

A mente se encarrega daquilo que não está ao alcance do corpo. Assim, quase todos os nossos sonhos não passam disto: substitutos. O que não conseguimos fazer de dia, fazemos de noite. A mente dispõe essas coisas para nós. Se, no meio da noite, sonhamos que estamos indo ao banheiro, é porque a mente soou um alarme. Ela nos manda ao banheiro, em sonho, para que sintamos algum alívio na bexiga. Pensaremos então que está tudo bem, que fomos mesmo ao banheiro. A mente age para que nosso sono não seja perturbado. Dia e noite, ela dispõe as coisas para que nossos desejos conhecidos e desconhecidos sejam realizados.

O homem teve um ataque de hemiplegia e caiu. Agora estamos tentando tratar dessa doença. Mas na verdade os remédios só podem prejudicá-lo ainda mais, pois ele não tem hemiplegia; induziu a doença. Ainda que tratemos sua paralisia, o homem manifestará uma segunda, uma terceira e até uma quarta doença. Ou seja, até que cobre coragem para ir ao mercado, sofrerá de uma enfermidade ou de outra. E, ao se saber doente, percebe que a situação toda mudou. Agora tem uma justificativa para a falência. "Que posso fazer? Estou paralisado!" Agora pode dizer aos credores: "De que modo poderei pagá-los? Vejam a situação em que estou!" O próprio credor, ao procurá-lo, não terá coragem de lhe pedir dinheiro. A esposa cuidará melhor dele, os filhos lhe darão mais atenção, os amigos irão visitá-lo, as pessoas se reunirão em volta de sua cama.

Muitas vezes só demonstramos nosso afeto a alguém quando ele fica doente. Assim, quem quiser ser amado deve adoecer. As mulheres estão sempre se queixando de doenças, pois essa é a melhor maneira de despertarem o amor. Sabem que não há outro jeito de manterem seus maridos em casa. Elas não os seguram, mas a doença, sim. Se entendermos isso, se fixarmos isso na mente, toda vez que quisermos um pouco de simpatia adoeceremos. Na verdade, é perigoso mostrar simpatia para com uma pessoa doente; o que devemos fazer é tratar sua doença. É perigoso porque a simpatia incentiva a doença, o que acaba por prejudicar o próprio doente.

Nenhum remédio cura a pessoa que ficou paralisada; na melhor das hipóteses, ela mudará de doença, porque na verdade não está doente, tudo não passa de autossugestão arraigada: a hemiplegia tem origem mental.

Há uma história semelhante, de um homem que também ficou hemiplégico. Sofreu durante dois anos e não conseguia se levantar. Um dia, sua casa pegou fogo e todos saíram correndo. Mas, em pânico, pararam e se perguntaram o que aconteceria ao enfermo. Viram-no então saindo – correndo também! Ele, que não podia sequer se sentar na cama! Quando os familiares lhe disseram que ele estava andando, o homem respondeu que isso não era possível – e caiu ao chão ali mesmo.

Que aconteceu a esse homem? Ele não estava enganando ninguém. Sua doença era mental, não física. Essa é a única diferença; e esse é o motivo pelo qual, quando um médico diz ao paciente que sua doença é psicológica, o paciente se irrita, pois o diagnóstico parece insinuar que ele está fingindo. Não é o que acontece. Ninguém quer se fingir de doente. Há razões mentais para a pessoa adoecer, tão importantes, ou mais, do que os motivos para ela ficar doente em consequência de um problema físico real. E o médico fará mal se disser a um paciente, mesmo sem querer, que sua doença é psicológica. O paciente não se sentirá melhor por isso; na verdade, ficará com raiva do médico.

Nós ainda não desenvolvemos uma atitude compreensiva com relação às doenças oriundas da mente. Se minha perna estiver machucada, todos sentirão simpatia; mas se minha mente estiver ferida, dirão que se trata de um problema psicológico – como se eu tivesse feito alguma coisa errada. Uma lesão em minha perna atrai piedade; mas uma doença em minha mente atrai censura, como se a culpa fosse minha! Não, eu não tenho culpa nenhuma.

As doenças originárias da mente têm seu lugar, mas o médico não aceita isso. Tamanha relutância se dá porque ele só tem tratamentos para as moléstias do corpo – não há outro motivo. Não entende esse tipo de doença, portanto afirma que ela não existe. Na verdade, deveria dizer que ela está fora de seu conhecimento. Deveria recomendar outro tipo de médico – ou tornar-se, ele próprio, um tipo de médico diferente. O paciente precisa de um tratamento que comece de dentro para fora. E é possível que uma coisa bem pequena modifique sua vida interior.

Para mim, a meditação é o tratamento que começa de dentro para fora.

Certa vez, alguém procurou o Buda e perguntou-lhe: "Quem é você? Um filósofo, um pensador, um santo ou um yogue?"

O Buda respondeu: "Sou apenas um curador, um médico".

Essa resposta é verdadeiramente maravilhosa: "Sou um médico, sei alguma coisa sobre as doenças interiores e é isso o que ensino".

No dia em que reconhecermos a necessidade de fazer alguma coisa com respeito a essas doenças oriundas da mente, pois do contrário jamais conseguiremos erradicar por completo as oriundas do corpo, perceberemos que religião e ciência começaram a se entender. Veremos então que medicina e meditação finalmente decidiram se aproximar. Em minha opinião, nenhum outro ramo da ciência ajudará a preencher essa lacuna tão completamente quanto a medicina.

Até agora, a química não tem por que se aproximar da religião. O mesmo se diga da física e da matemática. A matemática pode sobreviver muito bem sozinha e acho que isso será assim para sempre, pois não vislumbro nenhum caso em que ela consiga ajudar a religião. Não entrevejo o momento em que a matemática se sinta bloqueada sem a religião. Esse dia nunca chegará. A matemática pode jogar isoladamente por toda a eternidade, pois ela é um jogo, não é a vida.

O médico, porém, não joga, envolve-se com a vida. Com muita probabilidade, o médico é que lançará a primeira ponte entre religião e ciência.

Isso, na verdade, já começa a acontecer, especialmente nos países mais desenvolvidos e lúcidos. O motivo é que os médicos precisam lidar com vidas humanas. Foi o que Carl Gustav Jung disse pouco antes de morrer: "Com base em minha experiência de médico, posso afirmar que quase todas as doenças dos meus pacientes com mais de 40 anos se deviam à falta de religião". Essa é uma declaração surpreendente. Se, de algum modo, pudermos dar religião aos enfermos, eles recuperarão a saúde.

Vale a pena entender bem essa questão. Até os 35 anos, a vida da pessoa sobe, depois começa a descer. Os 35 anos são o ponto alto. É possível que até essa idade a pessoa não dê valor algum à meditação, pois tem sido orientada pelo corpo; o corpo ainda está em ascensão. Quase sempre, nessa idade, as doenças são do corpo; mas depois tomam outro caminho porque a vida iniciou seu movimento em direção à morte. Quando cresce, a vida se dirige para fora; quando o homem morre, ela se encolhe. Envelhecer significa encolher-se, voltar para dentro.

É quase certo que todas as doenças dos idosos estão enraizadas na morte.

Em geral se diz que tal pessoa morreu em virtude de tal doença. Mas creio que seria mais apropriado dizer que tal pessoa está doente por causa da morte, ou seja, a possibilidade da morte torna-a vulnerável a todos os tipos de doenças. Tão logo sente que está se movendo em direção à morte, portas e mais portas se abrem para as doenças e a pessoa contrai todas elas. Mesmo se souber com certeza que amanhã morrerá, a pessoa saudável ficará doente. Tudo ia bem, todos os exames estavam normais, os raios X não revelavam nada de ruim, a pressão sanguínea permanecia nos limites aceitáveis, o pulso batia com regularidade e o estetoscópio assegurava que não havia nada de errado. Mas se a pessoa ficar plenamente convencida de que morrerá amanhã, então começará a contrair todos os tipos de doenças. Terá mais doenças em 24 horas do que teria em 24 vidas.

Que aconteceu a essa pessoa? Abriu-se para todos os tipos de doenças. Parou de resistir. Como estava certa de morrer, afastou-se da própria consciência que, em seu íntimo, atuava como uma barreira contra todas essas enfermidades. Agora está pronta para a morte e as doenças a tomam de assalto. Eis o motivo pelo qual os aposentados morrem logo.

Portanto, quem estiver planejando se aposentar deve refletir bem antes de tomar a decisão. Os aposentados morrem, em média, cinco ou seis anos mais cedo. O que morreria com 70 morrerá com 65; o que morreria com 80 morrerá com 75. Esses dez, quinze anos de aposentadoria serão gastos na preparação para a morte. A pessoa não fará mais coisa alguma porque pensa que já não serve para mais nada. Não há trabalho para ela, ninguém a cumprimenta na rua.

Era diferente quando trabalhava. Agora ninguém sequer a vê porque precisa cumprimentar outras pessoas. Tudo funciona à base da economia. Há novos colegas no escritório, que têm de ser cumprimentados. Não se pode perder tempo com aquele homem. Será esquecido. Então o aposentado percebe, de repente, que se tornou inútil. Sente-se desenraizado. Não tem utilidade para ninguém. Os filhos estão ocupados com suas esposas, indo ao cinema. Os amigos que tinha já se foram quase todos para o cemitério. O aposentado se torna inútil até para as pessoas que antes precisavam dele. Torna-se então vulnerável e se abre inteiramente para a morte.

Quando a consciência do homem é saudável a partir de dentro? Primeiro, quando ele começa a senti-la. Em geral, não sentimos o interior; sentimos o exterior, o corpo – a mão, a perna, a cabeça, o coração. Não sentimos o que somos. Toda a nossa percepção se volta para a casa e não para o morador.

Eis uma situação muito perigosa porque, se a casa cair amanhã, penso que cairei também e isso se tornará minha doença. Entretanto, se eu souber que sou uma entidade separada da casa – que apenas moro nela –, então, ainda que ela desabe, eu permanecerei. Isso fará grande diferença – uma diferença fundamental. Pois o medo da morte desaparecerá.

Mas, sem meditação, o medo da morte não desaparece nunca. De sorte que o primeiro significado de meditação é percepção de si mesmo. Quando estamos conscientes, nossa consciência é sempre percepção de outra coisa, jamais de si mesma. Por isso, quando nos sentamos sozinhos, começamos a sentir sono, já que não temos nada a fazer. Se lemos um jornal ou ouvimos rádio, então nos sentimos um pouco despertos. Quando deixamos alguém sozinho num quarto escuro, ele logo adormece: não podendo ver nada, não precisa de sua consciência. Se não vemos nada, que podemos fazer exceto dormir? Não parece haver outra solução. Se a pessoa está sozinha, ela só tem o escuro – ninguém com quem conversar, nada em que pensar. Então, o sono vem. Não há saída.

Convém lembrar que, em certo sentido, o sono e a meditação se parecem; em outro, são coisas bem diferentes. No sono, estamos sozinhos e desligados; na meditação, estamos sozinhos e atentos. Essa é a única diferença. Se pudéssemos permanecer atentos a nós mesmos quando sozinhos...

Certa vez, um homem sentado junto ao Buda não parava de mexer o dedão do pé. O Buda lhe perguntou: "Por que está fazendo isso?"

O homem respondeu: "Não é nada, eu estava apenas mexendo o dedo. Nem percebi".

PARTE 4 – MEDICINA E MEDITAÇÃO

O Buda disse: "Seu dedo se mexe e você não percebe? De quem, afinal, é esse dedo? Seu?"

O homem replicou: "Sim, é meu... Mas por que você se desviou do que estava falando? Por favor, continue".

O Buda disse: "Não continuarei porque a pessoa com quem eu falava está inconsciente. Doravante, preste atenção ao movimento do seu dedo. Isso criará em você uma percepção dupla. A percepção do dedo gerará a percepção do observador".

A percepção sempre caminha em dois sentidos: um para fora, o outro para dentro.

Assim, o primeiro significado da meditação é que começamos a ter a percepção do nosso corpo e de nós mesmos. Quando essa percepção se aguça, o medo da morte se vai.

Uma ciência médica incapaz de libertar o homem do medo da morte jamais poderá curar a doença que é o homem. Sem dúvida, a ciência médica se esforça, tentando alcançar seu objetivo pelo aumento do prazo de vida. Mas, com isso, só faz aumentar o período de espera pela morte e nada mais. Ora, é melhor esperar pouco do que esperar muito. Prolongando a espera, a medicina torna a morte ainda mais deplorável.

Vocês sabiam que existe um movimento em curso nos países onde a medicina conseguiu dilatar a perspectiva de vida? É o movimento pela eutanásia. Pessoas idosas pedem que a constituição lhes assegure o direito de morrer. Alegam que a vida se tornou um fardo para elas, que passam o tempo internadas em hospitais. Continuar vivendo dessa forma é fácil: basta colocar o idoso num balão de oxigênio e deixá-lo ali indefinidamente. Ele é mantido vivo, mas viver assim é pior do que morrer. Só Deus sabe quanta gente, nos hospitais da Europa e dos Estados Unidos, está agora pendurada de cabeça para baixo ou em outras posições bizarras, ligada a tubos de oxigênio. Não têm o direito de morrer e exigem esse direito.

Penso que, ao final do século XX, a maioria dos países desenvolvidos inserirá a eutanásia em suas constituições, como direito inalienável do homem, pois um médico não pode manter uma pessoa viva contra a sua vontade.

Fazer um homem viver mais não implica eliminar seu medo da morte. Curá-lo pode tornar sua vida mais feliz, mas não o impede de temer. A ausência de medo só ocorre numa situação: quando a pessoa compreende que há nela algo que não morre nunca. Essa compreensão é absolutamente essencial.

Meditar é constatar a imortalidade. Meu interior não vai morrer; meu exterior fatalmente morrerá. Por isso vocês devem recorrer à medicina a fim de cuidar do exterior, do corpo, para serem felizes enquanto ele viver, sempre se lembrando daquilo que está dentro de vocês, pois assim, mesmo que a morte bata à sua porta, não precisarão temê-la. A meditação a partir do interior e a meditação sobre o exterior podem tornar a medicina uma ciência completa.

A meu ver, meditação e medicina são dois polos de uma única ciência, mas seus vínculos ainda não foram percebidos.

Contudo, pouco a pouco, estão se aproximando um do outro. Hoje, na maioria dos grandes hospitais dos Estados Unidos, um hipnoterapeuta é figura imprescindível. Hipnose não é meditação, mas representa já um passo à frente. Ela revela, pelo menos, uma atitude nova, a de que algo precisa ser feito com relação à consciência do homem, pois tratar apenas o corpo não basta.

Prevejo que, se hoje os hipnoterapeutas estão vindo para os hospitais, amanhã a meditação também virá. Virá mais tarde, demorará um pouco. Depois do departamento de hipnoterapia, os hospitais terão um departamento de meditação. Quando isso acontecer, poderemos tratar o homem como um todo. Os médicos cuidarão do corpo, os psicólogos e psiquiatras cuidarão da mente – e a meditação cuidará da alma.

O dia em que os hospitais aceitarem o homem como uma totalidade e tratá-lo como tal será um dia abençoado para a vida humana. Peço-lhes que reflitam sobre esse assunto para que esse dia chegue logo.

Obrigado por me ouvirem com tanto amor e silêncio. Aceitem, por favor, meus sinceros agradecimentos.

PARTE 5

AS IMPOSTURAS

DA MENTE

Como nos livrarmos do inconsciente apenas prestando atenção a um curto intervalo na respiração?

Esta pergunta é importante e deve ter ocorrido a muita gente. Mas antes de respondermos, algumas coisas precisam ser levadas em conta. Primeira: pensa-se que a espiritualidade é uma realização difícil. Não é nem uma coisa nem outra – quer dizer, não é nem difícil nem realização. Não importa o que sejamos, já somos espirituais. Nada precisa ser acrescentado ao nosso ser, nada precisa ser retirado dele: somos tão perfeitos quanto possível. Não iremos nos aperfeiçoar no futuro e não temos de fazer um grande esforço para ser nós mesmos. Não estamos empreendendo uma jornada para outro lugar: não estamos indo a lugar nenhum. Já chegamos lá. O que era para alcançar já foi alcançado. É necessário que vocês aprofundem essa ideia, pois só assim entenderão por que técnicas tão simples podem ajudar.

Se a espiritualidade for uma realização, então, obviamente, será uma tarefa difícil; e não apenas difícil: na verdade, impossível. Se a pessoa já não é espiritual, não pode ser e nunca será, pois como alguém não espiritual se espiritualizaria? Se ela já não for divina, nunca virá a ser. Esforçar-se não adianta: o esforço de quem já não é divino não cria divindade. Se vocês não forem divinos, seu esforço não criará divindade. Isso é impossível.

Mas o que ocorre é exatamente o contrário: vocês já são aquilo que querem ser. O objeto desse desejo já está aí, presente em vocês. Aqui e agora, neste momento, vocês são "divinos". O fim está aqui; já foi atingido. Por isso, técnicas simples podem ajudar. Não se trata de realização e sim de descoberta – descoberta de algo oculto em coisas bem pequenas.

A personalidade é como as roupas. Vocês estão aqui, envoltos em roupas; do mesmo modo, sua espiritualidade está aqui, oculta em roupas de outro tipo. Essas roupas são sua personalidade. Vocês poderiam estar nus aqui e agora; e, do mesmo modo, poderiam estar nus em sua espiritualidade. Mas vocês não sabem que roupas são essas. Não sabem como estão ocultos dentro delas; e não sabem como ficar nus. Estão vestidos há tanto tempo – ao longo de vidas e mais vidas – e se identificaram a tal ponto com as roupas que já nem percebem mais que elas são roupas. Acham que as roupas são vocês. Essa é a única barreira.

Por exemplo, um homem possui um tesouro, mas se esqueceu disso ou ignora que o possui e mendiga pelas ruas... É um mendigo. Se alguém lhe disser: "Vá para casa e olhe o que há lá. Você não precisa mendigar, pode ser um imperador agora mesmo", o mendigo provavelmente responderá: "Que tolice é essa? Como posso ser imperador agora mesmo? Venho

PARTE 5 – AS IMPOSTURAS DA MENTE

mendigando há anos e continuo sem nada; ainda que continuasse mendigando por muitas vidas não conseguiria ser imperador. Portanto, dizer-me 'Você pode ser imperador agora mesmo' é absurdo e ilógico".

Impossível. O homem não pode crer no que ouviu. Por quê? Porque sua mente de mendigo é um hábito arraigado. Contudo, se houver mesmo um tesouro em sua casa, cavar um pouco e remover a terra bastará para que o encontre. Imediatamente deixará de ser mendigo e se tornará imperador.

O mesmo ocorre com a espiritualidade: ela é um tesouro oculto. Não há nada a empreender no futuro. Talvez não tenham percebido isso, mas a espiritualidade já existe em vocês. Vocês são o tesouro e continuam mendigando.

Repito: técnicas simples podem ajudar. Cavar um pouco e remover a terra não é nenhum trabalho pesado e, com isso, um homem pode se tornar imperador. Cavar um pouco e remover a terra: só isso. E, quando digo "remover a terra", não o digo apenas simbolicamente. Em sentido literal, nosso corpo é parte da terra e nós nos identificamos com ele. Removam um pouco dessa terra, façam nela um buraco e vocês chegarão ao tesouro.

Eis por que esta pergunta ocorre a muitos (na verdade, a todos): "Uma técnica tão simples assim... prestar atenção à respiração, ao ar que entra e que sai, e depois tomar consciência do intervalo entre os dois movimentos... Será o bastante?" Uma coisa tão pequena é suficiente para a iluminação? A única diferença entre nós e o Buda é então o fato de ele ter atentado para o lapso entre duas respirações e nós não? Só isso? Parece ilógico. A distância entre o Buda e nós é grande. Aparentemente infinita. A distância entre um mendigo e um imperador é infinita, mas o mendigo pode se tornar imediatamente imperador se tiver um tesouro escondido.

O Buda era um mendigo como vocês; não foi buda desde sempre. A certa altura, o mendigo morreu e ele se tornou proprietário. Não foi, realmente, um processo gradual; o Buda não acumulou riquezas até deixar de ser mendigo para se tornar imperador. Não, um mendigo nunca se tornará imperador caso insista em acumular: permanecerá mendigo para sempre. Poderá ser um mendigo rico, mas ainda assim mendigo. E um mendigo rico é mais mendigo que um mendigo pobre.

De repente, um belo dia, o Buda descobriu o tesouro interior. Não era mais um mendigo, era um proprietário. A distância entre Gautama Sidarta e Gautama Buda é infinita. A mesma que existe entre vocês e um buda. Mas o tesouro que está oculto em vocês é o tesouro que estava oculto no Buda.

Outro exemplo. Um homem nasceu com um problema nos olhos e não enxergava. Para um cego, o mundo é uma realidade diferente. Uma rápida operação mudou tudo porque só os olhos precisavam de tratamento. No instante em que ficaram curados, o observador oculto atrás dos olhos começou a enxergar por intermédio deles. O observador se encontrava lá, faltavam apenas as janelas. Vocês estão dentro de uma casa sem janelas. Se fizerem um buraco na parede, logo poderão olhar para fora.

Já somos o que seremos, o que devemos ser, o que estamos destinados a ser. O futuro está embutido no presente; todas as possibilidades se acham aqui, como sementes. É preciso apenas abrir uma janela, fazer uma pequena cirurgia. Se vocês entenderem isso – que a espiritualidade já existe, já está presente –, entenderão também, sem dificuldade, que aquele esforço, por pequeno que seja, pode ajudar.

Sim, não é necessário um grande esforço. Um pequeno esforço basta – e, quanto menor, melhor. Se puderem não fazer esforço algum, melhor ainda. É por isso que, como tantas vezes acontece, quanto mais tentamos, mais difícil se torna conseguir. O esforço, a tensão, a preocupação, a ansiedade e a expectativa se transformam em barreiras. Mas, com um esforço bem pequeno, um esforço sem esforço, como se diz no zen – fazer como se nada estivesse sendo feito –, tudo acontece facilmente. Se estivermos muito ansiosos por fazer, não faremos, pois, onde uma agulha é necessária, usamos uma espada. Esta não ajudará de modo algum. A espada pode ser maior, mas não faz o serviço da agulha.

Observem um açougueiro: ele usa instrumentos muito grandes. Observem um neurocirurgião: ele usa instrumentos minúsculos. E se vocês encontrarem instrumentos grandes na clínica dele, fujam imediatamente! Um neurocirurgião não é um açougueiro. Precisa de instrumentos pequenos – quanto menores, melhor.

As técnicas espirituais não são grosseiras, são sutis. Não podem ser grosseiras porque essa cirurgia é mais delicada ainda que a do cérebro. O neurocirurgião, de qualquer modo, lida com a matéria grosseira; mas, quando se trabalha com os planos espirituais, a operação tem de ser mais estética. Não há aí matéria grosseira, só matéria sutil. Esse é um ponto.

O segundo é: a pessoa pergunta "Como, fazendo uma coisa pequena, se pode dar um passo grande?" Esse conceito é irracional, não tem nada de científico. Hoje, a ciência sabe que quanto menor, mais atômica for uma partícula, maior será a explosão. Menor a partícula, maior o efeito. Antes de 1945, algum poeta ou sonhador imaginaria que apenas duas bombas atômicas varreriam do mapa duas cidades japonesas, Hiroshima e Nagasaki? Duzentas mil pessoas simplesmente se evaporaram em questão de segundos. E que força explosiva foi usada? O átomo! A menor das partículas destruiu duas cidades grandes. Não podemos ver o átomo. Nem com os olhos nem com qualquer outro meio. O átomo é indetectável por instrumentos. Só podemos conhecer seus efeitos.

Não pensem, portanto, que o Himalaia é mais poderoso porque tem mais volume. O Himalaia seria impotente diante de uma explosão atômica. Um átomo minúsculo faria essas montanhas desaparecerem num piscar de olhos. O tamanho da matéria bruta não significa necessariamente poder. Ao

PARTE 5 – AS IMPOSTURAS DA MENTE

contrário, quanto menor for a unidade, mais facilmente penetrará. Quanto menor for a unidade, mais intensamente estará carregada de poder.

Essas pequenas técnicas são atômicas. Quem faz coisas maiores não conhece a ciência atômica. Vocês talvez pensem que a pessoa que trabalha com átomos é uma pessoa pequena, às voltas com insignificâncias, e que a pessoa que trabalha com o Himalaia é uma pessoa grande. Hitler lidava com grandes massas; Mao lida com grandes massas. Einstein e Planck se ocupavam, em seus laboratórios, com pequenas unidades de matéria – partículas de energia. Entretanto, antes das pesquisas de Einstein, os políticos eram impotentes. Trabalhavam numa tela grande, mas não conheciam o segredo da unidade pequena.

Os moralistas sempre elaboram grandes planos, mas esses planos são grosseiros. A coisa parece grande. Eles devotam toda a sua vida a moralizar, a praticar isto e aquilo, a preceituar o *sanyam* – o controle. Vivem controlando e o edifício que constroem parece enorme.

O tantra não se ocupa disso. Ocupa-se dos segredos atômicos no ser humano, na mente humana, na consciência humana. Desvendou segredos atômicos. Nossos métodos são métodos atômicos. Se vocês o aplicarem, o resultado será explosivo, cósmico.

Outro ponto a levar em consideração. Se vocês perguntarem "Como é que com um exercício tão pequeno, tão simples, a pessoa consegue se tornar iluminada?", então é porque não fizeram o exercício. Se o fizerem, não acharão que ele é simples e pequeno. Parece que é porque pode ser explicado com duas ou três frases.

Conhecem a fórmula atômica? Está concentrada em duas ou três palavras. E com essas duas ou três palavras quem as entende, quem as consegue pôr em prática pode destruir o mundo inteiro. A fórmula é curtíssima.

Aqui também temos fórmulas – e, se vocês apenas olharem para elas, parecerão uma coisa muito pequena e muito simples. Mas não são! Procurem pô-las em prática. Se fizerem isso, descobrirão que a tarefa não é nada fácil. Parece simples, mas é uma das coisas mais complexas que existem. Analisaremos o processo e vocês entenderão.

Quando vocês inspiram, não sentem a respiração. Nunca a sentiram. Vocês reagirão prontamente: "Não é verdade. Talvez não sejamos conscientes da respiração o tempo todo, mas às vezes a sentimos". Não, vocês não sentem a respiração, sentem a passagem.

Olhem para o mar. Ali há ondas e vocês as veem. Mas essas ondas são criadas pelo ar, pelo vento. O vento vocês não veem, veem o efeito dele na água. Quando inspiram, o ar toca suas narinas. Vocês sentem as narinas, mas não o ar. O ar desce – vocês o sentem passar. Ele volta – e vocês sentem novamente sua passagem. Não sentem nunca o ar, sentem apenas seu toque e sua passagem.

Não é isso que Shiva quer dizer quando recomenda: "Estejam atentos". Primeiro, vocês se tornam conscientes da passagem e, quando tomam plena consciência da passagem, começam, aos poucos, a tomar consciência da respiração em si. Quando tomarem consciência da respiração em si, serão capazes de tomar consciência da lacuna, do intervalo. Mas isso não é tão fácil quanto parece.

Para o tantra ou qualquer outra busca, existem camadas de consciência. Se eu abraçar uma pessoa, ela primeiro perceberá meu toque em seu corpo – meu toque, não meu amor, pois o amor não é tão grosseiro. Em geral, não tomamos consciência do amor, apenas do corpo em movimento. Conhecemos os movimentos do amor e os movimentos do não amor – mas o amor mesmo, esse não conhecemos. Se eu beijar uma pessoa, ela perceberá meu toque, não meu amor, que é uma coisa muito sutil. E se ela não perceber meu amor, o beijo será um beijo morto, não significará nada. Entretanto, se tomar consciência do meu amor, tomará também consciência de mim, de uma camada mais profunda.

O ar entra. Vocês sentem o toque, não o ar. Isto é, sentem o toque, mas não têm consciência dele. Só o sentem quando alguma coisa está errada. Se tiverem dificuldade de respirar, então o sentem; do contrário, não. O primeiro passo é a percepção da passagem, do toque do ar; sua sensibilidade aumentará com isso. Precisarão de anos para se tornar sensíveis a ponto de sentir o movimento da respiração e não apenas o toque do ar. Então, diz o tantra, conhecerão o prana – a vitalidade. E, consequentemente, o intervalo em que a respiração cessa, não se move – o centro que o ar está tocando, o ponto de fusão ou a inversão, quando o ar que entrou começa a sair. Tarefa árdua, nada simples.

Se vocês tentarem chegar ao centro, verão que isso é bem difícil. O Buda levou seis anos para atingir o centro localizado além da respiração. Seis anos de jornada árdua para chegar ao momento da inversão; mas aconteceu. Mahavira trabalhou nisso durante doze anos; mas aconteceu. A fórmula, contudo, é simples e, teoricamente, isso pode acontecer a qualquer momento – teoricamente, convém salientar. Na teoria, não existe barreira; então, por que não poderia acontecer agora mesmo? Vocês são a barreira. Se não fosse por vocês, aconteceria agora. O tesouro está lá; vocês conhecem o método. Podem cavar, mas não cavam.

Mesmo a pergunta é um pretexto para não cavar, pois sua mente pensa: "Uma coisa tão simples assim? Ora, ora! Como, graças a uma coisa tão simples, poderei me tornar um buda? Não vai funcionar". Então, vocês não fazem nada, pois não acreditam que algo possa acontecer. A mente é astuciosa. Se eu digo que a tarefa é muito difícil, ela corrobora: "Tão difícil que está fora de seu alcance". Se eu digo que a tarefa é muito simples, ela ironiza: "Tão simples que só os tolos acreditam nisso". E por aí vai a mente, sempre racionalizando tudo, sempre evitando agir.

A mente ergue barreiras. Funciona como uma barreira quando vocês pensam que a tarefa é muito simples ou muito difícil. Que farão, então? Não podem fazer uma coisa simples, não podem fazer uma coisa difícil. Que farão? Pois eu lhes digo: se querem fazer uma coisa difícil, eu a dificulto; se querem fazer uma coisa simples, eu a simplifico. A coisa é ao mesmo tempo difícil e simples, dependendo da interpretação. Só uma ação é necessária: fazer. Se vocês não fizerem, a mente continuará lhes dando explicações.

Teoricamente, a coisa é possível aqui e agora; não há nenhuma barreira real. Mas há barreiras. Talvez não sejam reais, talvez sejam apenas psicológicas, ilusórias – mas estão no seu caminho. Se eu lhes garantir: "Não tenham medo, continuem! O que vocês pensam que é uma cobra é uma corda", o medo não desaparecerá. Para vocês, a corda é uma cobra.

Portanto, nada que eu disser ajudará. Vocês tremem, querem fugir para bem longe. Insisto em que é apenas uma corda, mas sua mente insinua: "Este homem pode estar de conluio com a cobra. Há algo errado aí. Ele quer que eu me aproxime da cobra. Talvez queira que eu morra ou coisa assim". Se eu continuar insistindo em que se trata de uma corda, isso apenas mostrará que estou interessado em forçá-los na direção da cobra. E se eu lhes assegurar que, teoricamente, é possível ver a corda como uma corda aqui e agora, sua mente criará incontáveis problemas.

Na verdade, não há dilema algum, problema algum. Nunca houve, nunca haverá. Na mente há problemas e vocês contemplam a realidade por intermédio da mente; assim, a realidade se torna problemática. A mente é como uma prisão. Divide e cria problemas. Mas não só isso: ela cria soluções que acabam se tornando problemas graves, já que, na verdade, não há nenhum problema a ser resolvido. A realidade é absolutamente não problemática; não tem problemas. Porém, nós não conseguimos ver nada sem problemas. Para onde olhamos, criamos problemas. Nosso próprio "olhar" já é problemático. Ensino-lhes a técnica da respiração e a mente diz: "Simples demais". Por quê? Por que a mente diz que essa técnica é simples demais?

Quando a locomotiva a vapor foi inventada, ninguém acreditou nela. Parecia muito simples – inacreditável. O mesmo vapor da cozinha, da chaleira, fazendo girar um motor e conduzindo centenas de passageiros, além da carga? Aquele vapor tão conhecido? Não, não era possível.

Sabem o que aconteceu na Inglaterra? Quando o primeiro trem foi posto nos trilhos, ninguém queria embarcar nele – ninguém! Muitas pessoas foram persuadidas, subornadas, pagas para entrar nos vagões... mas, na última hora, saíram correndo. Diziam: "Para começar, o vapor não pode fazer esses milagres. É uma coisa simples demais. E se o motor funcionar, isso significa que será pela mão do diabo. O diabo fará o motor

PARTE 5 – AS IMPOSTURAS DA MENTE

funcionar, não o vapor. E quem pode garantir que, uma vez em movimento, alguém será capaz de parar o trem?"

Não havia garantias, pois era a primeira viagem. Ninguém parara o trem antes, havia apenas a probabilidade de que ele parasse. Faltava experiência e os cientistas não poderiam afirmar: "Sim, parará". Teoricamente, pararia... mas o povo não estava interessado em teorias. Estava interessado em saber se havia uma experiência real de parar o trem: "Se não parar, o que acontecerá conosco lá dentro?"

Assim, doze condenados foram trazidos da prisão a fim de fazer o papel de passageiros. Iriam morrer de qualquer jeito, estavam sentenciados à morte, portanto não haveria problema caso o trem não parasse. Desse modo, o maquinista louco que pensava poder parar o trem, o cientista que o inventara e os doze passageiros que de qualquer modo não escapariam à morte, só eles morreriam. "Uma coisa tão simples quanto o vapor!", era o que se dizia na época. Hoje não, pois o trem funciona e nós sabemos disso.

Tudo é simples – a realidade é simples. Parece complexa por causa da ignorância, mas é simples. Torna-se simples depois de conhecida. O conhecimento talvez seja difícil, não por causa da realidade – lembrem-se! –, mas da mente. Nossa técnica é simples, mas não será simples para vocês. Sua mente criará dificuldades. Mesmo assim, tentem.

Outro amigo diz: "Se eu experimentar esse método de prestar atenção à respiração, se eu tomar consciência de que estou respirando, então não posso fazer mais nada, toda a minha atenção se concentrará no ato de respirar. Portanto, se tenho de fazer outra coisa, não posso ficar prestando atenção à respiração".

Isso acontecerá; portanto, no começo, reservem um determinado período de manhã ou à noite (ou a qualquer tempo). Durante uma hora, façam o exercício e mais nada. Apenas o exercício. Uma vez em sintonia com ele, não terão mais problemas. Poderão estar conscientes mesmo andando na rua.

Entre "consciência" e "atenção" há uma diferença. Quando prestamos atenção a alguma coisa, excluímos o resto: temos de afastar a atenção de tudo o mais. Trata-se, na verdade, de tensão [tension] e por isso se chama atenção [attention]. Prestamos atenção a alguma coisa em detrimento das demais. Se prestarmos atenção à respiração, não poderemos prestar atenção ao ato de andar ou dirigir. Não tentem fazer isso quando estiverem dirigindo porque não conseguirão se concentrar nos dois movimentos.

Atenção significa privilegiar uma só coisa. A consciência é diferente; não exclui o resto. Estar consciente não é prestar atenção, ficar atento; é permanecer consciente, só isso. Vocês permanecem conscientes quando estão inclusivamente conscientes. Sua respiração está em sua consciência. Vocês caminham pela rua e cruzam com alguém: tomam consciência dele igualmente. Alguém faz barulho lá fora, um trem passa, um avião sobrevoa – tudo está incluído. A consciência é inclusiva; a atenção, exclusiva. Mas no começo haverá apenas atenção.

Portanto, de início, selecionem um período. Durante uma hora, prestem atenção somente à respiração. Aos poucos, conseguirão transformar a atenção em consciência. Façam coisas simples: por exemplo, andem atentamente, com consciência plena de estar andando e também respirando. Não estabeleçam oposição entre os dois atos de andar e respirar. Sejam observadores de ambos. Isso não é difícil.

Por exemplo, posso prestar atenção a um rosto aqui. Se eu fizer isso, todos os outros rostos deixarão de existir para mim. Se prestar atenção a um rosto, os demais serão eliminados. E se eu atentar apenas para o nariz desse rosto, os outros traços serão eliminados. Posso, desse modo, ir estreitando minha atenção até chegar a um ponto único.

O contrário também é possível. Posso prestar atenção ao rosto todo; os olhos, o nariz e o resto estarão ali. Nesse caso, ampliei meu foco. Olho vocês como grupo, não como indivíduos. O grupo inteiro se torna o objeto de minha atenção. Se eu os considerar diferentes do barulho da rua, então estarei eliminando a rua. Posso, no entanto, olhar vocês e a rua como um todo – estarei, nesse caso, consciente tanto da rua quanto de vocês. Posso estar consciente do cosmos inteiro. Tudo depende de o foco ir se ampliando mais e mais. Mas vocês devem começar pela atenção e lembrar-se sempre de que devem atingir a consciência. Escolham, pois, um período curto. De manhã é melhor porque é quando nos sentimos mais animados, cheios de energia, quando tudo começa; de manhã estamos mais vivos.

Os fisiologistas afirmam que, de manhã, não apenas estamos mais vivos como somos um pouco mais altos do que à noite. Se a pessoa tem um metro e oitenta de altura, de manhã terá um metro e oitenta e um e, à noite, terá de novo um metro e oitenta. O centímetro extra desaparece porque a espinha se acomoda devido ao cansaço. Portanto, de manhã, nos sentimos mais dinâmicos, jovens e cheios de energia.

Uma coisa vocês não devem fazer: colocar a meditação como o último item de sua agenda. Ela tem de ser o primeiro. Quando sentirem que já não estão fazendo nenhum esforço, quando puderem ficar sentados durante uma hora completamente imersos na respiração – conscientes, atentos –, quando notarem que conseguiram se fixar na respiração sem nenhuma fadiga, estiverem relaxados e gozando o momento sem forçar, então vocês chegaram lá.

Acrescentem então mais uma coisa – por exemplo, andar. Conscientizem-se de ambas; depois, acrescentem outras. Decorrido algum tempo, serão capazes de perceber sua respiração continuamente, mesmo dormindo. E, se não conseguirem percebê-la mesmo durante o sono, não a perceberão em profundidade. Mas esse momento chegará; pode demorar, mas chegará.

Vocês devem ser pacientes e começar do modo certo. Mas lembrem-se: a mente é esperta e sempre tentará fazer com que

PARTE 5 – AS IMPOSTURAS DA MENTE

comecem do modo errado. Se isso acontecer, vocês desistirão depois de dois ou três dias, dizendo: "É inútil". A mente lhes apontará um começo errado. Portanto, procurem começar do modo certo, pois assim metade da tarefa estará cumprida. Infelizmente, quase sempre começamos do modo errado.

Vocês sabem muito bem que prestar atenção é muito difícil. Isso acontece porque estão totalmente despertos. Assim, se começarem a prestar atenção à respiração quando empenhados em outra tarefa, não conseguirão nada. Não deixarão de lado a tarefa, deixarão de lado o esforço para prestar atenção à respiração.

Portanto, não criem problemas desnecessários para vocês mesmos. Em 24 horas, encontrarão sem dúvida um cantinho tranquilo. Quarenta minutos bastarão. Pratiquem ali. Mas a mente inventará inúmeras desculpas. Dirá: "Onde vai achar tempo para isso? Tem ainda muita coisa a fazer". Ou então: "Agora não é possível, adie. No futuro, quando tudo melhorar, você praticará". Cuidado com o que a mente diz a vocês. Não confiem muito nela. Nós, porém, confiamos; podemos duvidar de todos, mas nunca duvidamos de nossa própria mente.

Não duvidam dela sequer aqueles que vivem falando em ceticismo, descrença e razão. Sua mente os levou ao estado em que se acham agora. Se estão vivendo um inferno, sua mente os conduziu para lá sem que vocês duvidassem desse guia. Duvidam de professores, de mestres; mas nunca duvidam de sua mente. Com fé inabalável, veem nela seu guru. Essa mesma mente os levou para a confusão, para a penúria em que se encontram. Se é para desconfiar de alguma coisa, desconfiem primeiro de sua mente. E quando ela lhes disser alguma coisa, pensem duas vezes no que ouviram.

Será verdade que vocês não têm tempo? Realmente? Não podem reservar nem uma hora para meditar? Pensem bem. Perguntem várias vezes à mente: "Então não tenho mesmo tempo?"

Eu nunca vi isso. Nunca conheci nenhuma pessoa que não tivesse tempo de sobra. Quem joga cartas se explica: "Estou matando o tempo". Vai ao cinema e diz: "Não tenho o que fazer". Matam o tempo, tagarelam, leem o mesmo jornal várias vezes, falam sobre as mesmas coisas sobre que falaram a vida inteira e dizem: "Não tenho tempo". Têm tempo para as coisas desnecessárias. Por quê?

As coisas desnecessárias não oferecem perigo algum à mente. Mas, quando pensamos em meditação, ela fica alerta. Agora estamos avançando para uma dimensão arriscada porque meditação significa morte da mente. Se nos aproximarmos da meditação, cedo ou tarde a mente se dissolverá, se retirará por completo. Por isso, ela fica alerta e começa a sussurrar coisas assim para nós: "Não há tempo. E mesmo que houvesse, há tarefas mais sérias a cumprir. Adie. Poderá meditar no futuro. O dinheiro é mais importante. Enriqueça e em seguida medite à vontade. Como poderá meditar sem dinheiro? Preste atenção ao dinheiro agora e medite depois".

Vocês sentem que a meditação pode ser adiada porque ela não ajuda em sua sobrevivência imediata. O pão não pode ser adiado – vocês morreriam. O dinheiro não pode ser adiado – é imprescindível para suas necessidades básicas. A meditação pode: é possível sobreviver sem ela. E facilmente.

No momento em que vocês mergulharem profundamente na meditação, não sobreviverão mais neste mundo – desaparecerão. Escaparão do círculo, da roda desta vida. Meditar é morrer, por isso a mente tem medo. Meditar é amar, por isso a mente tem medo. "Adie", sugere ela; e vocês vão adiando *ad infinitum*. A mente está sempre dizendo coisas assim. E não pensem que estou falando de outras pessoas; estou falando de vocês.

Tenho conhecido inúmeras pessoas inteligentes que dizem coisas muito estúpidas sobre meditação. Um homem de Délhi, alto funcionário do governo, veio aqui para aprender meditação. Permaneceu sete dias conosco. Aconselhei-o a frequentar as aulas matinais de meditação na praia Chowpatty, em Bombaim, mas ele se esquivou: "Isso é difícil. Não consigo me levantar tão cedo". Esse jamais refletirá sobre o que sua mente lhe diz. Será tão difícil assim? O exercício pode ser simples, mas a mente, não. Ela pergunta: "Como conseguirei me levantar às seis horas da manhã?"

Um funcionário da receita de uma grande cidade me procurou às onze horas da noite. Eu já ia para a cama, mas ele entrou e disse: "Não! É urgente, estou muito perturbado. Uma questão de vida ou morte. Dê-me, portanto, ao menos meia hora. Ensine-me meditação, do contrário posso até cometer suicídio. Sinto-me extremamente confuso e tão frustrado que algo deverá acontecer em meu mundo interior. Já o meu mundo exterior está completamente perdido".

Eu lhe disse: "Venha amanhã às cinco horas". O homem retrucou: "Impossível". Era uma questão de vida ou morte, mas ele não podia se levantar às cinco da manhã. Explicou: "Não é possível porque nunca me levanto tão cedo".

"Está bem", disse eu. "Venha então às dez."

"Isso também será difícil", alegou ele, "pois às dez e meia tenho de estar em meu escritório."

O homem não podia tirar um dia de folga e era uma questão de vida ou morte. Então lhe perguntei: "Que vida está em perigo? A sua ou a minha?" O sujeito não parecia nenhum simplório, parecia até muito inteligente. Aqueles embustes eram muito astuciosos.

Não pensem que sua mente também não arquiteta os mesmos embustes. Ela é esperta e, como é sua mente, vocês nunca duvidam dela. Mas não é sua, é apenas um produto social. Não lhes pertence! Foi impingida a vocês. Parentes, sociedade e professores criaram essa mente; vocês foram educados e condicionados para pensar de certa maneira. O passado continua criando e influenciando sua mente. O passado morto se impõe o tempo todo aos vivos. Os professores são meros agentes – agentes do morto contra o vivo. Forçam ideias em sua mente.

Mas esta se acha tão próxima de vocês, o interstício é tão pequeno que vocês se identificam com ela.

Vocês dizem: "Somos hindus". Pensem melhor, reconsiderem. Vocês não são hindus. Receberam uma mente hindu. Nasceram como seres simples, inocentes – não hindus, não muçulmanos. Mas receberam uma mente hindu, uma mente muçulmana. Vocês acabaram enclausurados, aprisionados numa determinada condição e a vida foi sobrecarregando sua mente, que se tornou pesada – agora, ela pesa muito sobre vocês. Não podem fazer nada; a mente se impõe a vocês. Novas experiências são acrescentadas à mente. O tempo todo, o passado condiciona cada momento presente. Se eu lhes digo alguma coisa, vocês não refletem sobre ela de maneira aberta, nova. A velha mente, seu passado, se mete na conversa e começa a tagarelar contra ou a favor.

Lembrem-se: sua mente não é sua, seu corpo não é seu; ambos vêm de seus pais. Quem são vocês?

Nós nos identificamos com o corpo ou com a mente. Pensamos que somos velhos, jovens, hindus, jainistas ou parses. Não somos! Nascemos como consciência pura. Todas essas coisas são prisões. As técnicas que vocês acham tão simples não o serão porque a mente criará constantemente complexidades e problemas.

Há poucos dias, um homem me procurou e disse: "Estou experimentando seu método de meditação, mas quero saber uma coisa: em que escritura esse método é mencionado? Se você me provar que ele está na escritura de minha religião, será mais fácil para mim praticá-lo". Mas por que seria mais fácil para alguém praticá-lo se estivesse numa escritura? Porque então a mente não criaria problemas. Diria: "Está bem, isso é nosso, vá em frente". Caso não esteja em nenhuma escritura, a mente exclamará: "Mas o que está fazendo?!" E condenará a prática.

Eu disse ao homem: "Você vem praticando esse método há três meses. Como se sente?" Ele respondeu: "Muito bem. Sinto-me muito bem. Mas diga-me... cite-me alguma autoridade das escrituras". O sentimento dele não é autoridade suficiente. Diz: "Estou me sentindo muito bem. Tornei-me mais silencioso, mais pacífico, mais afetivo. Sim, estou me sentindo muito bem". Entretanto, sua própria experiência carece de autoridade. Sua mente anseia por uma autoridade do passado.

Expliquei-lhe: "O método não se encontra em nenhuma de suas escrituras. Ao contrário, estas muitas vezes se opõem a ele". O homem replicou: "Então vai ser muito difícil para mim continuar com essa prática".

Por que a experiência dele não tinha valor algum?

O passado – o condicionamento, a mente – está o tempo todo moldando a pessoa e destruindo seu presente. Lembrem-se sempre disso e fiquem atentos. Sejam céticos, duvidem da mente. Não confiem nela. Só quando vocês conseguirem alcançar a maturidade que é não confiar na mente essas técnicas

PARTE 5 – AS IMPOSTURAS DA MENTE

serão de fato simples, úteis, eficazes. Operarão milagres – pois podem operá-los.

Essas técnicas, esses métodos não podem, de modo algum, ser entendidos intelectualmente. Se eu tentar entendê-los intelectualmente, estarei tentando o impossível: para que, então, tentar? Se eles não são acessíveis ao intelecto, por que estou aqui conversando com vocês? Não são acessíveis ao intelecto e não há outra maneira de tornar vocês conscientes de certas técnicas capazes de mudar toda a sua vida. O problema é que vocês só entendem o intelecto. Não entendem nada mais, só o intelecto. Ora, se essas técnicas não podem ser entendidas intelectualmente, como comunicá-las?

Ou vocês se capacitam a entendê-las sem a intromissão do intelecto ou algum método tem de ser descoberto para que elas se tornem intelectualmente compreensíveis. A segunda alternativa não é possível, mas a primeira é.

Vocês devem começar intelectualmente, mas não se fixar nisso. Quando eu disser "Façam", tentem fazer. Se algo começar a acontecer dentro de vocês, estarão prontos para colocar o intelecto de lado e aproximar-se de mim diretamente, sem a ajuda dele, sem esforço e sem o meditador. Façam, porém, alguma coisa. Podem falar anos e anos, sua mente poderá ficar sobrecarregada – mas isso não ajudará. Ao contrário, o mais provável é que os prejudique porque começarão a conhecer muitas coisas. E conhecer muitas coisas significa confundir-se.

Não é bom conhecer muitas coisas. O melhor é conhecer poucas e praticá-las. Uma única técnica pode ser útil; fazer alguma coisa sempre ajuda. Mas qual a dificuldade em fazê-la?

Bem no fundo, existe o medo. O medo de que, se fizerem, algo deixará de acontecer – esse é o medo. Talvez pareça paradoxal, mas conheço inúmeras pessoas que pensam querer mudar. Dizem que precisam de meditação, buscam uma transformação profunda, mas, no fundo, sentem medo. Essas pessoas são duais, duplas; têm duas mentes. Vivem perguntando o que devem fazer e não fazem nada. Por que perguntam, então? Para se enganar, para imaginar que realmente estão interessadas em mudança. Por isso perguntam.

Isso fornece uma fachada, uma aparência de que estão realmente, sinceramente interessadas em se transformar. Por isso perguntam, procuram seu guru, investigam, tentam – mas nunca fazem nada. Bem no íntimo, têm medo.

Eric Fromm escreveu um livro intitulado *Fear of Freedom* [*O Medo à Liberdade*]. Título aparentemente contraditório. Todos pensam que gostam da liberdade, que anseiam por ela – neste e "naquele" mundo também. "Queremos *moksha*, libertação, queremos nos livrar de todas as limitações, de todos os tipos de escravidão. Queremos ser totalmente livres", dizem. Mas Eric Fromm sustenta que o homem tem medo da liberdade. Nós a desejamos, nós insistimos em que a desejamos, nós nos convencemos de que a desejamos; mas, no íntimo, temos

PARTE 5 – AS IMPOSTURAS DA MENTE

medo da liberdade. Não a desejamos! Por quê? Qual o motivo dessa dualidade?

A liberdade gera o medo e a meditação é a liberdade mais completa que existe. Graças a ela, vocês se libertam não apenas das limitações exteriores, mas também da escravidão interior – da mente, da origem da escravidão. Vocês se libertam inteiramente do passado. No momento em que não tiverem mais mente, o passado desaparecerá. Vocês transcenderão a história; não haverá mais sociedade, religião, escritura e tradição porque tudo isso reside na mente. Não haverá mais passado nem futuro porque passado e futuro fazem parte da mente: são memória e imaginação.

Vocês estão aqui e agora, no presente. Não se cogita do futuro. Há e sempre haverá o agora – o eterno agora. Portanto, estão completamente livres; transcenderam a tradição, a história, o corpo, a mente, tudo. Livraram-se de quem tinha medo. Mas que liberdade é essa? Onde vocês estão? Nessa liberdade, podem existir? Nessa liberdade, nessa vastidão, podem conservar seu pequeno "eu" – seu ego? Podem dizer "eu sou"?

Vocês dizem "Sou escravo" porque conhecem seus limites. Onde não há escravidão, não há limitação. Vocês se tornam apenas um estado, nada mais... o nada absoluto, o vazio. Isso gera o medo e vocês começam a falar em meditação, na maneira de praticá-la – e não a praticam.

Todas as perguntas brotam desse medo. Sintam-no. Depois de conhecê-lo, ele desaparecerá; se ele não for conhecido,

172 OS SEIS ASPECTOS DA MEDITAÇÃO

persistirá. Vocês estão prontos para morrer no sentido espiritual? Estão preparados para deixar de existir?

O Buda dizia àqueles que o procuravam: "A verdade básica é que vocês não existem. Como não existem, não podem morrer, não podem nascer; não existindo, não sofrem nem são escravizados. Estão em condições de aceitar isso?" Insistia: "Estão em condições de aceitar isso? Se não estão, não tentem meditar por enquanto. Primeiro, procurem descobrir se existem ou não existem. Antes de tudo, perguntem-se: existe algum eu? Existe uma substância interior ou somos apenas uma combinação?"

Se estiverem prontos, descobrirão que seu corpo é uma combinação. Alguma coisa lhes veio de sua mãe, outra de seu pai e o resto, do alimento. Esse é o seu corpo. Você não está nele, seu eu não está nele. Observem a mente: algo veio daqui, algo dali. A mente não possui nada original. É apenas acúmulo.

Tentem descobrir se existe um eu na mente. Se descerem bem fundo, constatarão que sua identidade lembra uma cebola: tira-se uma camada e aparece outra; tira-se esta e mais outra aparece. No fim, após a remoção de todas as camadas, nada resta. Uma vez removidas as camadas, não sobra nada dentro. Corpo e mente são como cebolas. Depois de remover corpo e mente, chegamos ao nada, ao vazio, ao abismo sem fundo. O Buda dava a isso o nome de *shunya*.

PARTE 5 – AS IMPOSTURAS DA MENTE

No fundo desse *shunya*, desse vazio, está o medo. É lá que ele se acha. Por isso, nunca meditamos. Perguntamos sobre ele, mas nada fazemos para eliminá-lo. O medo se acha lá. Vocês pressentem que existe esse vazio, mas não conseguem escapar a esse medo. Não importa o que façam, ele continuará lá, a menos que o enfrentem. Não há outra maneira. Quando enfrentarem seu nada, quando souberem que dentro de vocês só há espaço, *shunya*, o medo desaparecerá. O medo não persistirá porque *shunya*, o vazio, não pode ser destruído. Esse vazio não morrerá. O que iria morrer desapareceu; eram apenas camadas de cebola.

Por isso, muitas vezes, quando em meditação profunda e bem perto desse nada, a pessoa sente medo e começa a tremer. Acha que vai morrer e quer voltar do nada para o mundo. Muita gente volta – e nunca mais mergulha em seu íntimo. Em minha opinião, todos vocês já tentaram, em alguma vida, recorrer a uma técnica meditativa. Chegaram perto do nada, mas o medo os assombrou e vocês fugiram. Bem no fundo de sua memória está essa lembrança; e é ela que atrapalha tudo. Agora, sempre que planejam meditar, essa lembrança antiga, entranhada em sua mente inconsciente, perturba-os e diz: "Continuem planejando, mas não meditem. Vocês já meditaram antes".

É difícil encontrar alguém – e já procurei muito – que jamais tentou meditar uma ou duas vezes em alguma existência.

A lembrança está aí, mas vocês não têm consciência dela, não sabem sequer onde encontrá-la. Ela está aí. Quando começam a fazer alguma coisa, isso logo se torna um obstáculo e os detém de várias maneiras. Portanto, se estiverem realmente interessados em meditação, examinem o medo que têm dela. Sejam sinceros. Têm medo? Se têm medo, então algo precisa ser feito antes com relação a ele, não à meditação.

O Buda apelava para vários recursos. De vez em quando, alguém lhe confessava: "Tenho medo de tentar a meditação". A pessoa deve mesmo dizer ao mestre que tem medo. Não deve enganá-lo. Por que o faria? Estaria enganando a si mesma. Assim, quando alguém lhe dizia que tinha medo de meditar, o Buda replicava: "Você está cumprindo a primeira exigência". Se vocês reconhecem que têm medo de meditar, muita coisa se torna possível, pois algo muito profundo foi trazido à superfície. Que é, então, o medo? Reflitam sobre isso. Cavem e descubram de onde ele vem, qual é a sua fonte.

Todo medo, basicamente, se orienta para a morte. Não importa sua forma, aparência ou nome: todo medo se orienta para a morte. Se vocês mergulharem fundo, constatarão que têm medo de morrer.

Se alguém procurasse o Buda e lhe dissesse: "Descobri que tenho medo de morrer", ele responderia: "Vá então até um crematório, um cemitério, e medite diante de uma pira funerária. Pessoas morrem todos os dias e são cremadas. Fique ali e medite. Quando os familiares se retirarem, não saia. Olhe para o fogo, para o corpo que estiver sendo consumido. Depois que tudo se transformar em fumaça, contemple-a atentamente. Não pense, apenas medite sobre o que viu durante três, seis, nove meses. Quando tiver a plena certeza de que a morte não pode ser ludibriada, quando reconhecer que a morte faz parte da vida, que ela sobrevirá fatalmente, que não há como escapar dela e que você já lhe pertence, então venha me procurar".

Depois de meditar sobre a morte, ver dia e noite cadáveres sendo queimados e dissolvidos em cinzas – resta apenas uma fumaça que logo se esvai –, após fazer isso durante meses, uma certeza brotará: a morte é inevitável. Essa é, na verdade, a única certeza. A única coisa certa na vida é a morte. O resto é incerto: pode ser ou pode não ser. Mas, com respeito à morte, não se pode dizer que pode ser ou pode não ser. Ela existe; ela sobrevirá. Já sobreveio. No momento em que entramos na vida, entramos na morte. E nada se pode fazer contra ela.

Como a morte é certa, não há medo. Só temos medo daquilo que pode mudar. E como a morte não muda, o medo desaparece. Se ela mudar, se pudermos fazer alguma coisa para que ela mude, então o medo persistirá. Se nada puder ser feito, se tivermos de nos submeter, é absolutamente certo que o medo desaparecerá. Só quando o medo desaparecesse é que o Buda lhes permitiria meditar. Diria: "Agora podem meditar".

Mergulhem vocês também em sua mente. Essas técnicas só ajudarão depois que suas barreiras íntimas ruírem, depois que os medos arraigados desaparecerem e vocês tiverem certeza de que a morte é a realidade. Portanto, se morrerem meditando, não haverá medo – a morte é certa. Mesmo que a morte ocorra durante a meditação, o medo não existirá. Só então vocês conseguirão se mover – e se moverão à velocidade de um foguete porque não encontrarão mais barreiras.

O que exige tempo não é a distância e sim as barreiras. Vocês poderiam se mover agora mesmo caso essas barreiras não existissem. Já estariam lá se não fossem elas. Trata-se de uma corrida de obstáculos, que vocês vão erguendo pelo caminho. Vocês se sentem bem quando saltam um deles, se sentem bem porque o saltaram. E o incrível é que vocês mesmos fizeram a tolice de colocar ali os obstáculos. Não estavam ali. Vocês vão colocando e saltando obstáculos – e se sentindo bem. Vão colocando mais e mais obstáculos, que saltam um após outro. Correm em círculos e nunca, nunca chegam ao centro.

A mente ergue obstáculos porque tem medo. Poderá lhes dar inúmeras explicações dos motivos pelos quais vocês não meditam. Não acreditem nela. Mergulhem fundo, encontrem a causa primeira. Para que uma pessoa tagarelaria sobre comida e ficaria sem comer? Qual seria seu problema? Estaria louca?

Outro homem fala sem parar em amor e não ama nunca; outro discorre longamente sobre uma coisa que nunca faz. Essa tagarelice se torna obsessiva; uma compulsão. Tais pessoas acham que falar é fazer. Falando, acham que estão fazendo alguma coisa e se sentem bem. Falam, leem, escutam – isso não é fazer. Isso é um logro; não caiam nele.

Cito esses cento e tantos métodos não para encher com eles sua mente, para torná-los mais sábios, mais informados. Não quero transformá-los em pânditas. Quero apenas ensinar-lhes uma técnica capaz de mudar sua vida. Se um método os atrair, não falem sobre ele: apliquem-no. Não digam nada sobre o método: pratiquem-no. Sua mente fará muitas perguntas. Mas, antes de me consultar, investiguem-nas profundamente para saber se realmente têm importância ou se sua mente está apenas tentando enganá-los.

Façam antes e perguntem depois. Desse modo, suas perguntas serão práticas. Eu saberei qual pergunta é fruto da experiência e qual pergunta é fruto apenas da curiosidade, do intelecto. Aos poucos, deixarei de responder às suas perguntas intelectuais. Façam alguma coisa – assim, suas perguntas terão significado. Perguntas do tipo "Este exercício é simples demais" nunca são feitas depois que o exercício foi praticado. Ele não é tão simples assim. Para terminar, devo repetir: vocês já são a verdade. O que lhes falta é despertar.

Não precisam ir mais a lugar nenhum. Precisam mergulhar em si mesmos e isso é possível neste mesmo instante. Se puserem a mente de lado, entrarão no aqui e agora.

Essas técnicas têm por objetivo pôr a mente de lado. Não se destinam, verdadeiramente, à meditação; seu propósito é descartar a mente. Quando a mente não estiver mais aí, vocês estarão!

Creio que isso é o bastante, ou mais que o bastante, por hoje.

PARTE 6

MEDITAÇÃO
É AVENTURA

Meditação é aventura. Uma aventura no desconhecido. A maior aventura que a mente humana pode empreender. E, por "aventura", entendo algo que não se aprende, que não se conhece de antemão. Só se pode conhecer o conhecido. Tudo o que é dito não significa nada, no fim das contas. A verdade permanece tácita. Já se disse muita coisa – sobre coisa alguma. E nada que se aproveite.

Só se pode conhecer o conhecido. Mas é possível ao menos apontar caminhos. Não irão diretamente ao ponto – isso é impossível. A própria natureza da coisa o impede. Não podemos dizer: "Isto é meditação". Podemos dizer apenas: "Isto não é meditação... nem isto... isto também não". Meditação é o resto. E o resto não se diz o que é.

Há vários motivos para isso. A meditação é algo maior que a mente. Não é algo que acontece *na* mente: é algo que acontece *à* mente. De outro modo, a mente seria capaz de definir a meditação, conhecê-la, compreendê-la. Mas não: a meditação acontece à mente, não na mente, da mesma forma que a morte acontece à vida e não na vida.

A meditação é, para a mente, o que a morte é para a vida. Uma morte mais profunda – não física, mas psíquica. Quanto

OS SEIS ASPECTOS DA MEDITAÇÃO

mais profunda a morte, maior a possibilidade de renascimento. Depois da morte física, renasceremos fisicamente. Para nós, nada terá acontecido – absolutamente nada. Permaneceremos os mesmos; tudo continuará como antes.

Quanto mais profunda a morte, mais profunda a ressurreição. Se vocês morrerem psicologicamente – se sua mente morrer –, então vocês renascerão. Mas não será um renascimento como o renascimento físico porque, neste, o corpo é substituído. A mente, porém, não é substituída quando ocorre a morte mental, psíquica. A consciência independe da mente.

Portanto, meditação é consciência sem mente. Um céu aberto, sem muros em volta. Podemos destruir as paredes desta casa, mas não o recinto – porque recinto significa espaço, apenas espaço. O recinto permanecerá um não recinto sob o céu aberto. Sem dúvida, vocês não o verão mais como recinto, já que não poderão defini-lo. Ele se tornará uma só coisa com o céu. No entanto, o recinto continuará aqui – e mais ainda que antes. Somente as paredes desaparecerão. Assim, se vocês definirem o recinto como não recinto – o vazio entre as paredes –, mesmo sem paredes ele continuará aqui. Porém maior, infinito.

De sorte que, quando a mente morre (quando digo que a mente morre, refiro-me apenas às suas paredes), o vazio dentro desse espaço se amplia. Isso é consciência. Façamos uma distinção: chamemos o vazio interno de "consciência" e as paredes que o cercam de "mente". Ou, em outras palavras: a mente com "m" minúsculo morre, a mente com "M" maiúsculo continua viva. Aquela, portanto, não é a sua. Não pode ser. Se as paredes forem derrubadas, o recinto não será a sua mente. O recinto continuará no mesmo lugar, mas não será mente porque mente são apenas as paredes. Mente é limitação. Vazio puro não pode ser mente. Portanto, quando a mente com "m" minúsculo morre e a mente com "M" maiúsculo persiste, você não está ali. Não é substituído por nenhuma outra mente. Não é substituído em absoluto.

A meditação é, pois, uma morte sutil – uma morte profunda de sua mente, de seu ego, de tudo aquilo que o define. Mas o que está dentro permanece: a consciência pura.

Repetindo: as paredes da mente – os processos mentais – não são meditação. São obstáculos. Que vêm a ser as paredes da mente? De que modo a mente se definiu? Por que se tornou uma coisa limitada? Onde estão os limites – as paredes – graças às quais a "mente" se separou da "Mente"?

Examinemos três coisas. A primeira é a memória; a maior parte da mente é memória. E essa memória é extensa, remonta a todas as infinitas vidas que vivemos. Ela acumula tudo e não só aquilo que coletamos conscientemente. Quando dormimos, a mente acumula. Mesmo quando estamos em coma, completamente inconscientes, a mente acumula. Não para nunca de coletar, nada lhe escapa. A mente inconsciente é uma grande Muralha da China de lembranças – e muito comprida.

A memória não faz parte apenas do cérebro. Na verdade, faz parte de cada célula de nosso ser, de nosso corpo. Por isso

23 cromossomos masculinos e 23 cromossomos femininos começaram a nos criar. Eles possuem um programa integrado, uma memória embutida. Um dia, saberemos que tipo de nariz uma pessoa terá desde o primeiro dia em que surgir no ventre materno. O ovo em formação dirá qual será a cor de seus olhos, até quando viverá, qual será o grau de sua inteligência, quanto ego terá...

A célula, aparentemente muito simples, é tão complexa quanto vocês. Contém todas as lembranças de nossa raça. E dá sequência à mente coletiva. Então sua alma, seu ego, sua mente penetram nessa célula. Portanto, o corpo tem suas próprias lembranças e a mente tem as dela. Somos uma espécie de encruzilhada – uma mente com suas incontáveis lembranças e um corpo com as de toda a raça, de toda a mente coletiva. As lembranças do corpo são mais fortes que a mente e fazem de vocês suas eternas vítimas. O que quer que planejem contra o corpo, chegado o momento, ele vencerá. Sua mente não pode nada contra o corpo porque é uma mente racial. Por isso, todas as religiões caem numa armadilha quando começam a combater o corpo. Não se pode combater o corpo; fazendo isso, vocês estarão apenas desperdiçando suas vidas.

Não se pode combater o corpo porque ele é, na verdade, a raça. E não só a raça, mas também toda a história do ser. As coisas continuam a viver em nós. Tudo o que já existiu continua a viver em nosso corpo. Nosso ser carrega tudo consigo.

PARTE 6 – MEDITAÇÃO É AVENTURA

Por isso o bebê, no ventre materno, tem de passar por todas as etapas pelas quais o ser humano passa em sua evolução.

Os nove meses no útero são toda a evolução condensada. Começamos na mesma situação em que a ameba, a primeira célula original, começou no mar. O útero apresenta as mesmas condições químicas da água marinha. Seu líquido, no qual a célula nada, possui os mesmos componentes – exatamente os mesmos.

No útero, a evolução começa de novo. Uma evolução em miniatura, é claro. Mas tudo ali começa de novo porque a célula tem memória. Não pode funcionar de outra maneira, deve passar pelo mesmo processo. O tempo será curto. A ameba, só depois de milhões de anos saiu do mar para a terra. A célula – o óvulo no útero – precisará apenas de uma semana. Mas, durante esse tempo, evoluirá do mesmo jeito, passará por milhões de anos comprimidos em sete dias e pelas mesmas etapas. Os nove meses são uma evolução condensada. A célula tem um programa embutido.

Portanto, de certa maneira, nosso corpo é a totalidade da evolução: num estado atômico comprimido, ele possui uma memória própria. A pessoa que deseja intensamente meditar precisa, antes, compreender sua memória corporal (ou fisiológica). Não briguem com ela. Isso seria dar um mau passo. Vocês ficariam cada vez mais perturbados. Cooperem – não há outro caminho. Deixem o corpo inteiramente à vontade. Não criem tensão entre vocês e o corpo. Sua verdadeira luta não é contra ele, não é contra a memória corporal e sim contra a memória do ego – sua psique, sua mente. O adversário é outro. Portanto, não briguem com o corpo.

Quando brigamos com o corpo, não temos tempo de brigar com a mente. E se começarmos a brigar com o corpo, não pararemos nunca. Será um suicídio, será um ato destrutivo. Isso apenas lançará sementes da própria derrota. A derrota virá, pois como pode uma única célula vencer toda a humanidade, combater a totalidade do ser? Impossível.

Assim, não confundam as memórias do corpo com as suas próprias. A fome, por exemplo, é uma memória do corpo. Vocês poderão combatê-la, mas será um combate difícil, muito árduo – quase impossível. Se vencerem, essa vitória será sua derrota completa porque vencer a fome é suicidar-se. Em noventa dias vocês estarão mortos. O corpo nem mesmo dará o sinal de que é hora de ser alimentado. Portanto, o melhor é não vencê-lo, do contrário haverá suicídio. Entre vocês e a memória do corpo não haverá nenhuma ponte. Essa é a única maneira de vencer – mas vocês não vencerão realmente, apenas matarão a si mesmos.

Há, pois, métodos capazes de derrubar a ponte entre vocês e seu corpo, como por exemplo os do hatha-yoga. O corpo grita sem parar: "Fome, fome, fome!" – mas vocês não lhe dão ouvidos. A ponte caiu. O corpo continua gritando e vocês não escutam. Tornam-se insensíveis a ele. Jamais se entreguem a qualquer prática que torne vocês ou seu corpo insensíveis – porque meditação é sensibilidade absoluta.

Quando meditamos, nosso corpo se torna extremamente sensível. Vocês não conceberiam, agora, quão sensíveis nossos órgãos podem ser. Nunca ouvimos nem vemos perfeitamente; vemos e ouvimos mais ou menos. Passamos por um jardim e achamos estar vendo – mas estamos apenas olhando. Nossos olhos se tornaram insensíveis – nós brigamos com eles. O corpo se tornou insensível – nós brigamos com ele.

Toda a nossa cultura é inimiga do corpo. A do Ocidente e a do Oriente, não há diferença. A cultura que se desenvolveu neste planeta é, de certo modo, enferma. Opõe-se ao corpo – e o corpo constitui um grande mistério. Se vocês se opuserem ao corpo, então, pode-se dizer, estarão se opondo ao universo. O corpo é um universo em miniatura. A relação de vocês com o universo, a ponte que os liga ao universo, os instrumentos com que contatam o universo – tudo isso passa pelo corpo, que funciona como um intermediário.

Portanto, não briguem com o corpo. Sempre façam uma clara distinção entre o que é memória do corpo e o que é memória da mente. A fome pertence à memória do corpo e vocês podem conhecê-la. Mas a mente possui também sua própria memória. Estas não são existenciais e, de fato, não têm nenhum valor para a sobrevivência. As memórias do corpo, sim. Eis a distinção básica: se vocês negarem as memórias do corpo, se lutarem contra elas, não sobreviverão. Já as memórias psicológicas não ajudam na sobrevivência, são meros detritos – que precisam ser jogados fora quando se acumulam. Nós apenas nos sobrecarregamos com elas. Essas memórias da mente são antigas.

Quando vocês ficam encolerizados, duas coisas podem estar acontecendo: ou se trata de uma memória do corpo ou de uma memória da mente. É preciso distingui-las. Se a cólera valer alguma coisa para a sobrevivência, se vocês não conseguirem sobreviver sem ela, então ela possui um meio corpóreo. Se não valer, é apenas um hábito mental, uma repetição mecânica da mente e, portanto, uma memória mental. Vocês ficaram encolerizados tantas vezes que a cólera os condicionou. Quando alguém os pressionar, apertar o botão... vocês se encolerizarão de novo. Portanto, estejam atentos.

A cólera do corpo tem lá sua beleza quando a pessoa nunca está colérica mentalmente – isto é, habitualmente. Essa cólera não pode ser feia. Significa apenas que a pessoa está viva, não morta. Entretanto, quanto mais ela ficar habitualmente colérica, menos capacidade terá de ficar colérica corporalmente. Então, essa cólera será apenas feia. Não acrescentará nada à pessoa – só a perturbará e a seus semelhantes.

Podemos entender isso de outro ponto de vista: o sexo, por exemplo. Ele às vezes é uma memória do corpo e, nesse caso, tem valor de sobrevivência. Mas não raro é cerebral, mental, independente do hábito. Então, não tem nenhum valor de sobrevivência. Para a pessoa que se deixou apanhar na armadilha do padrão habitual, o sexo se torna uma coisa feia. Sem amor e sem beleza. Sem música e incapaz de qualquer resposta mais profunda. Quanto mais cerebral for o sexo, menos capacidade terá o corpo. A pessoa pensa muito em sexo e não consegue saber exatamente o que ele é – qual é o seu mistério profundo. A mente continuará pensando em sexo e o corpo terá de segui--la. E, quando o corpo segue a mente, deixa de viver – é arrastado de cá para lá como um peso morto.

Não importa do que se trate, sexo, cólera ou cobiça, sempre se perguntem se tem valor de sobrevivência. Assim, não precisarão brigar com seus hábitos mentais, bastando que tomem consciência deles. A memória de todas as nossas ações passadas se tornou condicionante. Vocês as repetem, agindo como máquinas. Tomem consciência disso. Ficarão surpresos ao perceber que, se não houver mente em sua cólera, sendo esta unicamente uma resposta de corpo inteiro a uma determinada situação, sem nenhum pre-condicionamento mental, então não haverá arre pendimento. Ajam, na situação, como a situação exige e não irão se arrepender.

Outra coisa: não havendo arrependimento, não haverá acúmulo psicológico. Portanto, não haverá hábito. Não precisarão acumular nada. Por que a mente precisa acumular memórias? Porque ela não sabe se conseguirá agir por inteiro em determinada situação. Ela se prepara, ela se adestra várias vezes, pois ignora se, nesta ou naquela situação, saberá agir. Tem de recorrer ao que já sabe; tem de discernir, tem de elaborar programas para fazer frente às eventualidades. É para isso que a mente acumula memórias. Quanto mais acumula, menos a pessoa consegue agir com inteireza. E quanto menos capacidade tem de agir com inteireza, mais a mente é solicitada.

Portanto, ajam com o corpo e não com a mente. Isso talvez pareça estranho vindo de um homem religioso. Ajam com o corpo. O ato será então imensurável, uma resposta total. Não permitam a intrusão da mente. Desse modo, não haverá memória, não haverá acúmulo mental, não haverá arrependimento. O ato foi realizado e pronto. As coisas e a situação eram como eram, vocês agiram totalmente sem que nada ficasse para trás. Não pode haver, então, arrependimento. Vocês se entregaram por inteiro ao ato. Se não tivessem feito isso, a parte poupada se arrependeria mais tarde.

O corpo pode agir totalmente; a mente, não. Ela está sempre dividida, age em dicotomias. Uma parte se encoleriza, a outra se arrepende ou se prepara para se arrepender, tudo ao mesmo tempo. Outra coisa a ser notada: quando uma parte se insurge sempre contra outra, vocês estão agindo com a mente e não com o corpo. O corpo é sempre total. Não se divide para agir. O corpo é um fluxo sem divisões. Quando vocês se apaixonam, seu corpo inteiro se apaixona. Não podem fazer distinções como: "Minha cabeça se apaixonou" ou "Minhas mãos começam a se apaixonar". O corpo inteiro está ali; a mente, porém, nunca está totalmente em nada. Uma de suas partes estará sempre criticando, ajuizando, mandando, avaliando.

Uma de suas partes sempre se sentará numa cadeira para julgar, condenar. Assim, quando vocês perceberem que uma parte de sua mente se opõe ao ato, saibam que estão fazendo isso com o cérebro, com a mente.

Comecem a agir com o corpo. Quando comerem, comam com o corpo. Ele sabe quando parar, mas a mente, não. Uma parte dela continuará comendo, outra condenará seu comportamento. Uma parte dirá "chega", outra desobedecerá. O corpo é total, portanto consultem o corpo. Não consultem a mente para saber se devem comer, parar de comer ou continuar comendo. Seu corpo sabe o que lhes convém. Acumulou sabedoria ao longo de séculos. Sabe quando parar.

Não consultem a mente. Consultem o corpo. Confiem na sabedoria do corpo, que é mais sábio que vocês. É por isso que os animais vivem com mais sabedoria que nós. Vivem com mais sabedoria, mas, é claro, não pensam. Se pensassem, seriam exatamente como nós. É um milagre viverem mais sabiamente que os homens. Parece absurdo. Não sabem nada e, ainda assim, vivem com mais sabedoria. O homem só se mostra proficiente na habilidade de interferir em tudo. Vocês interferem em seu corpo. Não interfiram. Deixem que o corpo funcione. Não o atrapalhem, pois assim distinguirão claramente o que é memória mental e o que é memória corporal.

A memória corporal é um recurso de sobrevivência. A memória mental é obstrutiva e deve ser eliminada. Quando digo eliminada, isso não significa que vocês se esquecerão de tudo;

significa que não se identificarão com ela, não se tornarão, com ela, uma coisa só. A memória não deve ser autônoma. Não deve se perpetuar.

Mas se perpetua. Vocês se sentam e a memória funciona. Vocês dormem e a memória funciona. Vocês trabalham e a memória funciona. Funciona sem parar. E o que faz ela? O que pode a memória fazer? Só pode desejar que tudo se repita no futuro. Nada mais. Quer se perpetuar e se projetar no amanhã. "O que foi, será" ou "O que foi não pode deixar de ser".

A memória está sempre tecendo um padrão para o futuro. E, se permitirmos que ela o teça, jamais seremos livres, ficaremos eternamente inseridos nele. O padrão são as paredes em volta do vazio da consciência. Antes de darmos um passo para o futuro, a memória já deu vários. O caminho não é um caminho aberto, tornou-se uma prisão que a memória vai estreitando cada vez mais. Nós, todavia, somos ludibriados por ela, imaginando que graças à memória viveremos melhor o futuro. Ela não nos ajuda nisso; só o que faz é tornar nosso futuro igual ao passado.

A memória não pode projetar nada que não conheça. Só pode projetar o que conhece. E o que conhece, ela projetará. Não caiam nessa armadilha. Não deixem que a mente projete alguma coisa no futuro nem por um instante. Sem dúvida, vocês precisarão de tempo para se livrar desse mau hábito e começar a ter consciência dele na meditação. Mas, quando estiverem conscientes – totalmente conscientes, intensamente

PARTE 6 – MEDITAÇÃO É AVENTURA

lúcidos –, a memória não mais tecerá o futuro para vocês. Só fará isso quando estiverem sonhando.

O sonho é propício para a ação da memória. Em sonhos, ela cria imagens vívidas, às vezes mais reais que a própria realidade. Sentados em sua poltrona, vocês divagam, devaneiam. Um pouco sonolentos, a memória começa a tecer, a projetar. Fiquem atentos, conscientes – assim, a memória deixará de trabalhar para o futuro. O estado de atenção – interior e exterior – é o começo da meditação.

Esse estado pode ser atingido de várias maneiras. Se disserem a si mesmos que precisam ficar atentos, sei muito bem que não ficarão. Ouvirão isso em sonho e a memória projetará: "Sim, ficarei atento amanhã"; a memória trabalhará essa sugestão e a transformará num projeto. Se vocês ouvirem: "Fique atento", logo elaborarão um projeto. Dirão: "Sim, ficarei atento daqui a pouco". E se eu lhes disser que a felicidade se segue ao estado de atenção, se eu lhes disser que a felicidade surge por intermédio do estado de atenção, vocês começarão a devanear e a memória passará a projetar eventos.

Pedir-lhes que fiquem atentos não os tornará meditativos. Não fará diferença alguma. Por isso, criei instrumentos, criei situações em que vocês ficarão obrigatoriamente atentos e o devaneio será impossível.

Vou lhes dizer uma coisa: o sonho vem com mais facilidade quando há mais dióxido de carbono no ambiente. Havendo mais dióxido de carbono, vocês sonham mais. Por isso, de dia, não conseguem sonhar tanto quanto de noite. Os componentes químicos mudam: de noite, há mais dióxido de carbono e menos oxigênio no ar. Em consequência, se ocorrer o inverso – se houver maior quantidade de oxigênio do que de dióxido de carbono dentro e em volta de vocês –, os sonhos serão impossíveis. Por isso recomendo sempre uma respiração vigorosa. Esse é um recurso químico para mudar a atmosfera ambiente. Quanto mais oxigênio houver, menos vocês serão vítimas dos sonhos. E, sem a mediação dos sonhos, as lembranças não afloram.

De manhã, sentimo-nos renovados. O que acontece nessa hora, com o sol nascendo? O dióxido de carbono diminui e o oxigênio aumenta. A mesma mudança química é necessária dentro de nós. A técnica que atualmente usamos em nossos retiros de meditação é o método mais poderoso que existe para criar mais oxigênio no corpo. Depois das três primeiras etapas – na quarta –, o meditador fica carregado com uma tremenda energia vital que o torna superiormente atento.

Outro recurso para nos tornar atentos é a prática de kundalini, um sistema que canaliza a energia sexual para a meditação e a conscientização. É muito útil para pessoas cuja energia sexual pode ser fácil e naturalmente canalizada para fins de meditação. Na época dos Vedas e dos Upanishads – na Índia antiga –, as pessoas eram simples e naturais, aptas a converter com facilidade sua energia sexual. Para elas, o sexo não era um problema da mente. Na verdade, não era problema nenhum. Quando o sexo é problema, torna-se mental.

Hoje, o mundo é tão sexualmente pervertido e tão sexualmente explorado que kundalini – o movimento da energia psíquica num determinado canal psíquico – se tornou difícil. Mas, com nosso método, às vezes sentimos a eclosão de kundalini. Outra coisa: se alguém sente a eclosão de kundalini, então passo a trabalhá-la. Ensino técnicas para seu controle. Mas, a menos que exista um sentimento espontâneo de kundalini, nem sequer toco nesse ponto. Não falo sobre o assunto. Vocês podem ignorá-lo e nossa época é tal que terão mesmo de fazer isso. Kundalini só pode fluir no sexo físico natural, quando a mente não se intromete nele. Ela funciona com mentes inocentes.

Em algum ponto do caminho – depois que vocês mergulharem mais fundo na meditação – sua mente deixará de comandar. Repetindo: quando vocês se aprofundarem na meditação, conseguirão distinguir e separar essas duas memórias. A mente passará a interferir cada vez menos no corpo, deixando que este funcione por si mesmo e siga sua própria sabedoria.

De modo que, às vezes, a kundalini se tornará ativa. E, se funcionar automaticamente, ótimo. Não recomendo sua prática direta. É melhor que funcione por si mesma, indiretamente. E isso acontece com frequência: de trinta a quarenta por cento, pelo menos, das pessoas que usam esse método sentem a kundalini. E, quando a sentem, eu estou pronto. Elas podem ir em frente, recorrendo ao método para cruzar a porta da kundalini. Entretanto, esse método só está conectado à kundalini indiretamente, não diretamente.

A meu ver, não há futuro para métodos de kundalini diretos, exceto se o mundo inteiro passar a considerar o sexo como um fenômeno natural. Além disso, não há técnicas de kundalini para serem usadas antes da maturidade sexual. A menos que a trilha para a kundalini seja criada dentro de vocês antes da maturidade sexual, há toda possibilidade – mesmo com o sexo sendo encarado naturalmente – de que se tornem... não pervertidos, mas animais.

Vou lhes contar uma história dos Upanishads:

Um *rishi* está sentado com sua mulher e filho. Um homem passa e se enamora da mulher. Convida-a para sua casa. A mulher vai com ele.

O *rishi* não faz críticas nem objeções, mas o filho se encoleriza e diz ao pai: "Isso é coisa de animais! Os animais é que agem assim! Não se deve permitir tal coisa. Quando eu elaborar um código de moral, haverá uma cláusula condenando semelhante comportamento. Sim, esse é um comportamento animalesco".

O pai replica: "Não, não é um comportamento animalesco. Mas sua raiva, sua cólera, sim. A raiva é uma projeção da violência moral. Como acontece com os animais. Na verdade, nenhum animal aceitaria o que acaba de acontecer: brigaria".

PARTE 6 – MEDITAÇÃO É AVENTURA

Essa atitude – a do pai – é realmente admirável. Diz ele que a do filho é a de um animal. Os animais brigam pelas fêmeas: possuem o senso da posse territorial. Se você entrar em seu território, eles brigarão. Mas o pai diz: "Eu sou humano. Se alguém vê sua mãe e se apaixona, ninguém tem culpa. E se sua mãe o aceita, que posso fazer? Eu também me apaixonei por ela da mesma maneira. Não há diferença. Eu me apaixonei por ela como esse outro. Ela concordou em se casar comigo. Concordou em ser minha esposa, não minha propriedade. Alguém mais se apaixonou... Conheço as fraquezas humanas porque conheço a mim mesmo. Eu também me apaixonei. Portanto, nada de errado está acontecendo. E eu não sou um animal, não posso brigar por causa disso. Sei que esse homem é tão humano quanto eu. Sua mãe é bonita. Eu me apaixonei por ela".

Essa, porém, é uma moralidade sublime e só pode ser cultivada antes da maturidade sexual, caso a pessoa se adestre. Do contrário, não. Depois da maturidade sexual, vocês não conseguirão canalizar a energia: seria muito difícil. Contudo, se os canais forem preparados antes, então a energia fluirá por eles tão naturalmente quanto flui no sexo. O pai, o *rishi* devia conhecer a kundalini, de outro modo não seria como era; não conseguiria. Desenvolvera a kundalini – a energia ascendente –, do contrário jamais assumiria aquela atitude.

A energia descendente vai sempre na direção da violência. A energia ascendente vai sempre na direção do amor, da compreensão, da compaixão.

Portanto, esse método é indireto. Atravessa diferentes portas. Se sua kundalini puder ser usada, ele a usará, apontando-lhe um caminho. É um método flexível, absolutamente flexível. Se sua kundalini não estiver pronta para ser usada — se for perigosa —, ele não a usará. Há outros canais, outros caminhos que ela poderá seguir.

Esses outros caminhos não são nomeados porque nenhum ensinamento antigo os prescreveu. Mas existem: Mahavira jamais falou em kundalini — jamais. O Buda também não — jamais. Cristo nunca a mencionou. Lao-tsé sequer ouviu falar sobre ela. Esses homens seguiram outros caminhos.

O caminho do Buda não poderia mesmo ser através da kundalini. O sexo se tornou, para ele, um tremendo aborrecimento. O Buda não se interessava nem um pouco por sexo. E não poderia ser de outro modo, pois seu pai lhe trazia as mais belas jovens do reino. Toda jovem bonita ia para o palácio. Ele se desinteressou. Nada mais natural: qualquer um se desinteressaria. O Buda ficou tão entediado com sexo que nem imaginava a possibilidade de converter essa energia. Nunca tentou fazer isso. Se alguém lhe dissesse que a energia sexual pode se tornar energia divina, o Buda não lhe daria ouvidos — porque conhecia o sexo muito bem. Para ele, não havia nisso nada de divino: era apenas carnal. O Buda enveredou, pois, por outro caminho. Não falou de kundalini em momento algum, mas falou de centros — chakras. Ele trabalhava com chakras.

O trabalho com a kundalini exige um processo gradual. Kundalini é continuidade – uma continuidade semelhante à do termômetro. Sobe como este – devagar, bem devagar. É uma passagem contínua. O Buda nunca usou essa passagem, mas ensinou que os chakras trabalham em saltos repentinos – de um chakra, salta-se para outro. Aqui, não há continuidade – apenas saltos. Devido a esse processo por saltos, o Buda concebeu o mundo inteiro de um modo totalmente novo. Afirmou que, no mundo, não há continuidade – apenas saltos.

Nada é contínuo. A flor não é a continuação do botão – é um salto. A juventude não é a continuação da infância – é um salto. Hoje, os filósofos budistas se sentem muitíssimo felizes porque a ciência também sustenta que não existe continuidade. Tudo salta – tudo é salto. Achamos que há continuidade apenas porque não discernimos os espaços entre os saltos.

Vocês veem esta luz como algo contínuo. Não é: seus elétrons estão saltando, mas os intervalos entre eles são tão pequenos que olhos humanos não são capazes de percebê-los. Não há aí continuidade – há saltos. Saltos tão rápidos que, quando uma partícula passa e a outra vem atrás, o intervalo entre ambas não é detectado. O salto é rápido demais. Vocês acendem uma chama à noite e, de manhã, quando a apagam, acham que apagaram a mesma chama. Não: a chama saltou milhares e milhares de vezes. Foi-se – evaporou-se – e outra surgiu. Mas parece contínua.

OS SEIS ASPECTOS DA MEDITAÇÃO

Heráclito disse que nunca podemos atravessar duas vezes o mesmo rio, pois o rio flui. O Buda diria que não podemos atravessá-lo sequer uma vez – pois o rio flui. Tão logo pisamos sua superfície, ele já se foi. E tão logo afundamos o pé, ele já se foi de novo. Um só passo – e vários rios se foram. É sempre o mesmo processo de saltos.

O conceito de salto ocorreu ao Buda porque ele nunca teve a experiência da kundalini. Teve a experiência do salto – de um chakra a outro. Por isso fala em sete chakras. Isso também é possível. Posso chegar à casa de um amigo saltando e tocando o chão apenas em alguns pontos. Mas os espaços estão lá. Não há continuidade.

Mahavira não fala em chakras nem em saltos. Fala em explosões. Vocês são "isto" e logo são "aquilo" – não existem sequer espaços para saltarem. Esse é outro caminho: explosões. Vocês explodem, pura e simplesmente. Um momento antes eram isto, um momento depois são aquilo. Não existe continuidade nem salto, existe explosão. Sem ponto intermediário para ser ultrapassado.

No zen, temos duas seitas. Uma delas é conhecida como "escola súbita" e a outra como "escola gradual". Mas nem esta última menciona a kundalini. Ela tomou outro caminho. Portanto, no zen, não se fala em kundalini, nem sequer na escola gradual. O caminho usado é outro.

O corpo possui muitos caminhos. É todo um mundo em si mesmo. Vocês podem trabalhar com a respiração – e dar o

salto. Podem trabalhar com o sexo – e dar o salto. Podem trabalhar com a percepção – ou seja, diretamente com a consciência – e dar o salto. Trabalhar diretamente com a consciência
tem sido um dos caminhos mais promissores. Entretanto,
mesmo um só caminho pode ser usado de várias maneiras. É
necessário que vocês entendam a complexidade desse ponto.

Uma estrada, por exemplo, pode ser usada de várias maneiras: uma pessoa a percorre de automóvel, outra de carroça,
outra ainda a pé. A estrada é a mesma, mas o método é muito
diferente. Qual a diferença entre caminhar e viajar de carro?
Não há aí nada em comum. Num carro, vocês ficam sentados
e não "fazem" nada. Não precisam fazer nada. Alguém poderá
dizer: "Percorri esta estrada sentado" e não estará mentindo.
Mas quem apenas caminhou por ela – e não imagina como se
possa percorrê-la sentado – negará essa possibilidade. E ele
também estará certo.

Portanto, uma única estrada pode ser usada de várias maneiras. Por exemplo, a percepção. Gurdjieff usa-a, mas cha-
ma-a de "lembrança". Seu método é diferente, mas o caminho
é o mesmo. A consciência deve ser usada – mas como lembrança, não como percepção. Qual é a diferença? Lembrar,
para mim, significa estar numa rua e lembrar-me de que estou.
Parar por um momento e lembrar-me de que parei. Olhar em
volta e lembrar-me de que olhei. Nunca me esquecer, por um
instante, de onde estou.

Mas nós nos esquecemos – nunca nos lembramos. Se vejo uma pessoa, esqueço-me de mim e vejo apenas a ela. Essa percepção é de uma flecha só; a outra flecha não existe. Gurdjieff recomenda que a percepção seja de duas flechas. Estou ouvindo um discurso: essa é a primeira flecha. Se tomo consciência de mim mesmo – o ouvinte –, essa é a segunda flecha. Não se esqueçam de vocês quando estiverem ouvindo. Tomem consciência de que ouvem. Alguém fala, vocês ouvem. Fiquem além do falante e do ouvinte, e lembrem-se dos dois. Sejam duas flechas. O caminho é o mesmo, mas o método é muito diferente.

Krishnamurti diria: "Não apelem para a memória dessa maneira. Isso exigirá muito esforço. Apenas tomem consciência da totalidade. Não façam a escolha de estar aqui e o outro ali. Não escolham coisa alguma. Limitem-se a ter uma percepção abrangente. Não enfoquem nada". Percepção sem foco: eu falo, vocês estão sentados, um carro passa buzinando... as coisas existem e a percepção é desfocada. Não a dirijam como se ela fosse uma flecha, deixem-na sem foco. O caminho é o mesmo, mas o método é muito diferente.

O tantra usava o mesmo método – o mesmo caminho – de um modo diferente. Diferente e inimaginável. Recorria a tóxicos: *bhang, charas, ganja*, vinho. Consistia nisto: tome o tóxico e fique consciente. Não perca a consciência. Continue tomando o tóxico e fique consciente de que está consciente. Não perca a consciência. Há métodos em que nenhum tóxico faz efeito – portanto, recorre-se ao veneno de cobra. Deixa-se que esta morda a língua da pessoa: se, depois de ter a língua mordida, a pessoa continua consciente, então é porque deu o salto – de outra forma, não. O caminho é o mesmo, mas o método é muito diferente.

Nessa prática tântrica, se nenhum tóxico fizer efeito e a pessoa permanecer consciente – comportar-se conscientemente –, então algo se cristalizou dentro dela. Algo ultrapassou a química do corpo, do contrário essa química teria afetado a pessoa. Esta foi além da química, que continua trabalhando em algum lugar no corpo, enquanto a própria pessoa permanece alheia a tudo. A química não consegue afetá-la.

Portanto, existem inúmeros caminhos e cada um pode ser percorrido de acordo com diferentes métodos. Meu método não depende diretamente de nenhum caminho em especial. Ele se parece com um veículo capaz de se movimentar no ar, na água e no chão. Aquilo de que sua personalidade necessitar mudará o método – o caminho. Podem chamá-lo de multimétodo. É indireto – não pode ser direto. Eu lhes dou o método; seu corpo, seu ser dará o caminho. A energia despertada poderá usar qualquer caminho: tântrico, budista, jainista, sufi ou de Gurdjieff. Qualquer um. E, se digo que isso não é uma hipótese, é porque se trata de uma experiência que vivi.

Pessoas que escolheram diferentes caminhos vieram a mim. Passam a usar meu método e ele as ajudou no caminho que escolheram. Se alguém está trabalhando com a kundalini, me procura e adota o meu método, este a ajuda no próprio caminho que ele escolheu. Dirá então: "Este método é maravilhoso. O método de kundalini anterior não funcionava tão bem".

Este não é, absolutamente, um método de kundalini, mas é flexível. Encontrará o caminho. Adotem-no – e tudo o mais será feito pelo próprio método.

No mundo futuro – e também no atual –, somente métodos flexíveis serão usados devido aos muitos e variados tipos de pessoas. No mundo antigo, a história era outra: para cada região, um tipo. Na região dos hindus só havia hindus e nenhum muçulmano. Na verdade, muçulmanos nunca tinham ouvido falar de hindus e vice-versa. Ignoravam as práticas uns dos outros e por isso jamais se confundiam. Eram todos de um tipo só. Budistas tibetanos eram budistas tibetanos – nunca tinham ouvido falar de outra coisa. Todos eram criados no mesmo meio, todos eram igualmente condicionados. Portanto, um só método bastava.

Hoje já não é assim – as mentes estão confusas. Na verdade, não existe mais um tipo só. Cada pessoa é de vários tipos. As influências são muitas – e contraditórias. Todas as religiões diziam: "Não estudem as outras. Evitem outros mestres". Não se pode considerar isso mero dogmatismo. Parece dogmatismo, mas sua finalidade era apenas proteger um tipo e não criar confusão desnecessária. De outro modo, nenhum método poderia ser usado plenamente – nenhum deles. O objetivo era impedir que a pessoa se confundisse. Hoje, porém, isso não é possível.

Hoje, todos estão inapelavelmente confusos. Não existe um tipo único. Um tipo único não pode mais ser protegido. Assim, precisamos de novos métodos que não pertençam a um tipo só e sejam usados por todos. Portanto, nosso método é flexível. Não me ocupo especialmente de kundalini, não me ocupo de uma coisa só – ocupo-me, e profundamente, de todas.

Usem este método. Ele encontrará o caminho – o caminho que funcionará para vocês. Deixo isso por conta do método. O método encontrará o caminho com uma precisão maior do que se esperaria de vocês. Mas esse encontro é inconsciente. Coloca vocês em dada situação – digamos, um incêndio na casa. Se puderem correr, corram; se puderem pular, pulem. A situação se apresentou e os obrigará a fazer o que lhes for possível.

A mente inconsciente sempre escolhe o caminho de menor resistência, em obediência à matemática, à economia interna da mente. Vocês jamais escolhem, inconscientemente, um trajeto mais longo. Escolhem sempre o mais curto. Só com a mente consciente é que se põem a escolher caminhos que não levam a lugar nenhum ou são tão longos que vocês morrem antes de chegar a seu destino. O inconsciente, porém, escolhe sempre o caminho mais curto. Portanto, este método criará a situação – e o inconsciente tomará o caminho que melhor convenha a seu tipo.

APÊNDICE

Sobre **OSHO**

Osho desafia categorizações. Suas milhares de palestras abrangem desde a busca individual por significado até os problemas sociais e políticos mais urgentes que a sociedade enfrenta hoje. Seus livros não são escritos, mas transcrições de gravações em áudio e vídeo de palestras proferidas de improviso a plateias de várias partes do mundo. Em suas próprias palavras, "Lembrem-se: nada do que eu digo é só para você... Falo também para as gerações futuras".

Osho foi descrito pelo *Sunday Times*, de Londres, como um dos "mil criadores do século XX", e pelo autor americano Tom Robbins como "o homem mais perigoso desde Jesus Cristo". O *jornal Sunday Mid-Day*, da Índia, elegeu Osho – ao lado de Buda, Gandhi e o primeiro-ministro Nehru – como uma das dez pessoas que mudaram o destino da Índia.

Sobre sua própria obra, Osho afirmou que está ajudando a criar as condições para o nascimento de um novo tipo de ser humano. Muitas vezes, ele caracterizou esse novo ser humano como "Zorba, o Buda" – capaz tanto de desfrutar os prazeres da terra, como Zorba, o Grego, como de desfrutar a silenciosa serenidade, como Gautama, o Buda.

Como um fio de ligação percorrendo todos os aspectos das palestras e meditações de Osho, há uma visão que engloba tanto a sabedoria perene de todas as eras passadas quanto o enorme potencial da ciência e da tecnologia de hoje (e de amanhã).

Osho é conhecido pela sua revolucionária contribuição à ciência da transformação interior, com uma abordagem de meditação que leva em conta o ritmo acelerado da vida contemporânea. Suas singulares meditações ativas OSHO têm por objetivo, antes de tudo, aliviar as tensões acumuladas no corpo e na mente, o que facilita a experiência da serenidade e do relaxamento, livre de pensamentos, na vida diária.

Dois trabalhos autobiográficos do autor estão disponíveis:

Autobiografia de um Místico Espiritualmente Incorreto, publicado por esta mesma Editora.

Glimpses of a Golden Childhood [Vislumbres de uma Infância Dourada].

OSHO International Meditation Resort

Localização

Localizado a cerca de 160 quilômetros a sudeste de Mumbai, na florescente e moderna cidade de Puna, Índia, o **OSHO** International Meditation Resort é um destino de férias diferente. Estende-se por 28 acres de jardins espetaculares numa bela área residencial cercada de árvores.

OSHO Meditações

Uma agenda completa de meditações diárias para todo tipo de pessoa, segundo métodos tanto tradicionais quanto revolucionários, particularmente as Meditações Ativas **OSHO**®. As meditações acontecem no Auditório **OSHO**, sem dúvida o maior espaço de meditação do mundo.

OSHO Multiversity

Sessões individuais, cursos e *workshops* que abrangem desde artes criativas até tratamentos holísticos de saúde, transformação pessoal, relacionamentos e mudança de vida, meditação transformadora do cotidiano e do trabalho, ciências esotéricas e abordagem "Zen" aos esportes e à recreação. O segredo do sucesso da **OSHO** Multiversity reside no fato de que todos os seus programas se combinam com a meditação, amparando o conceito de que nós, como seres humanos, somos muito mais que a soma de nossas partes.

OSHO Basho Spa

O luxuoso Basho Spa oferece, para o lazer, piscina ao ar livre rodeada de árvores e plantas tropicais. Jacuzzi elegante e espaçosa, saunas, academia, quadras de tênis... tudo isso enriquecido por uma paisagem maravilhosa.

Cozinha

Vários restaurantes com deliciosos pratos ocidentais, asiáticos e indianos (vegetarianos) – a maioria com itens orgânicos produzidos especialmente para o Resort **OSHO** de Meditação. Pães e bolos são assados na própria padaria do centro.

Vida noturna

Há inúmeros eventos à escolha – com a dança no topo da lista! Outras atividades: meditação ao luar, sob as estrelas, shows variados, música ao vivo e meditações para a vida diária. Você pode também frequentar o Plaza Café ou gozar a tranquilidade da noite passeando pelos jardins desse ambiente de contos de fadas.

Lojas

Você pode adquirir seus produtos de primeira necessidade e toalete na Galeria. A **OSHO** Multimedia Gallery vende uma ampla variedade de produtos de mídia **OSHO**. Há também um banco, uma agência de viagens e um Cyber Café no *campus*. Para quem gosta de compras, Puna atende a todos os gostos, desde produtos tradicionais e étnicos da Índia até redes de lojas internacionais.

Acomodações

Você pode se hospedar nos quartos elegantes da **OSHO** Guesthouse ou, para estadias mais longas, no próprio *campus*, escolhendo um dos pacotes do programa **OSHO** Living-in. Há além disso, nas imediações, inúmeros hotéis e *flats*.

http://www.osho.com/meditationresort
http://www.osho.com/guesthouse
http://www.osho.com/livingin

Para maiores informações: http://www.OSHO.com

Um *site* abrangente, disponível em vários idiomas, que disponibiliza uma revista, os livros de Osho, palestras em áudio e vídeo, **OSHO** biblioteca *on-line* e informações extensivas sobre o **OSHO** Meditação. Você também encontrará o calendário de programas da **OSHO** Multiversity e informações sobre o **OSHO** International Meditation Resort.

Websites:

http://OSHO.com/AllAboutOSHO
http://OSHO.com/Resort
http://OSHO.com/Shop
http://www.youtube.com/OSHOinternational
http://www.Twitter.com/OSHO
http://www.facebook.com/pages/OSHO.International

Para entrar em contato com a
OSHO International Foundation:

http://www.osho.com/oshointernational
E-mail: oshointernational@oshointernational.com

Impresso por :

gráfica e editora

Tel.:11 2769-9056